El libro de
los cinco anillos

Musashi Miyamoto

© Plutón Ediciones X, s. l., 2024

Segunda Edición: 2025

Diseño y maquetación: Saul Rojas Blonval

Traducción: Pedro Watanabe

Edita: Plutón Ediciones X, s. l.,

E-mail: contacto@plutonediciones.com
http://www.plutonediciones.com

I.S.B.N: 978-84-10233-02-7
Depósito Legal: B-5007-2024

Impreso en China / Printed in China

PRÓLOGO

A lo largo de muchos años he estado perfeccionando la ciencia de las artes marciales, o de la estrategia, llamada Escuela de los Dos Cielos[1]. Ahora, deseando revelar mis conocimientos por primera vez en un libro, decidí subir al Monte Iwato que se encuentra en Higo, en la provincia de Kyushu. Me sitúo justo frente a Buda, me inclino ante el cielo y venero a Kanon. Yo soy Shinmen Musashi no Kami Fujiwara no Genshin; nací en la provincia de Harima y tengo sesenta años de edad.

Desde hace mucho tiempo, prácticamente desde que era joven, he dedicado mi alma al estudio de la ciencia de las artes marciales. A los trece años tuve mi primer combate y derroté a mi contrincante, un maestro de artes marciales que se llamaba Arima Kihei, formaba parte de la Nueva Escuela de la Precisión. Cuando tenía dieciséis años vencí a un potente maestro de artes marciales llamado Akiyama, era de la provincia de

1 Según algunos estudiosos, hacer una traducción literal y denominarla "escuela de los dos cielos" o "escuela de los dos sables" no sería del todo correcto, dado que los kanjis pueden variar de significado semántico dependiendo del contexto, y lo que Musashi quería destacar era que su escuela era la mejor (el kanji de cielo denota ese carácter de inigualable y superior). Tal vez un nombre más adecuado, y menos literal, podría ser "La escuela de los dos sables celestiales". Sin embargo, en esta edición nos atenemos a traducciones oficiales, donde la llaman "escuela de los dos cielos" o "escuela de los dos sables" de manera indistinta.

Tajima. Luego, a mis veintiuno, viajé hasta la capital donde pude conocer a maestros de artes marciales provenientes de distintas partes del país. Y, aunque participé en múltiples combates, siempre he alcanzado la victoria en cada uno de ellos.

Después estuve viajando de provincia en provincia, encontrándome con maestros de artes marciales de diferentes escuelas. Participé en más de sesenta combates y nunca perdí. Todos tuvieron lugar entre los trece y los veintinueve años.

Al cumplir los treinta años, comencé a reflexionar sobre mis vivencias y me di cuenta de que realmente no había salido victorioso por el logro obtenido gracias a las artes marciales. Tal vez porque poseía una capacidad esencial e innata para esta ciencia, o tal vez era un designio del cielo y de los principios naturales o, también podría deberse a la inferioridad y fallos de las artes marciales de otras escuelas. De todas formas, estudié día y noche buscando un principio incluso más profundo, y llegué, de forma espontánea, a la comprensión total de la ciencia de las artes marciales cuando tenía cincuenta años.

Desde ese momento, he pasado el tiempo sin tener ningún conocimiento en el que profundizar. Manteniendo la fe en la supremacía de la ciencia militar, dado que la he practicado hasta convertirla en la ciencia de todas las artes y técnicas, todo esto sin tener ningún maestro. Ahora, mientras escribo este libro, no me valgo de antiguas historias de narraciones militares o relacionadas con la ciencia militar, tampoco me nutro de los viejos dichos o enseñanzas del budismo o del confucionismo. Por el contrario, utilizo mi pincel para explicar y dar a conocer el verdadero espíritu de esta escuela, pues refleja la manera del Cielo y de Kanon. Comienzo a escribir ahora: es la hora del tigre [2], del décimo día del décimo mes del año 1643.

Hotei mira a los gallos de pelea.
Pintura de Musashi Miyamoto, 1640.

---

2   Las horas en el Japón antiguo estaban formadas por períodos de dos de nuestras horas actuales, de manera que el día estaba dividido en doce períodos relacionados con los signos zodiacales asiáticos: la rata, el buey, el tigre, el conejo, el dragón, la serpiente, el caballo, la oveja, el mono, el gallo, el perro y el cerdo. La hora del tigre representaría las tres-cinco de la madrugada.

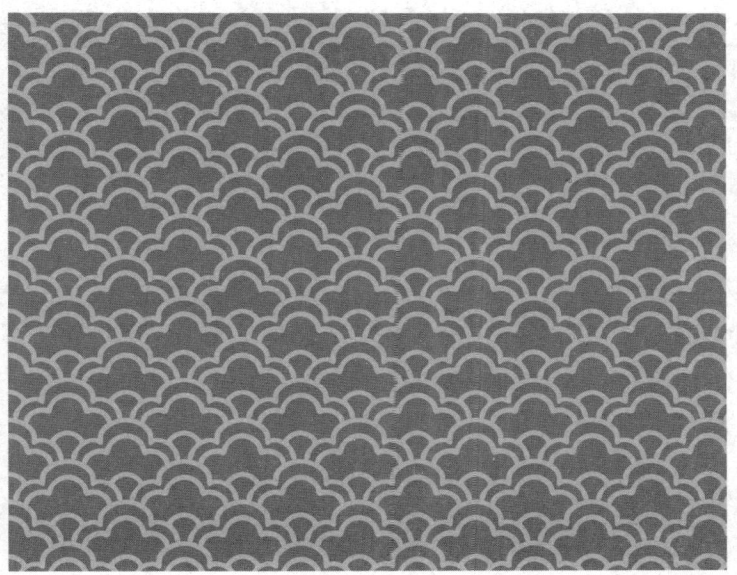

El Libro de la Tierra

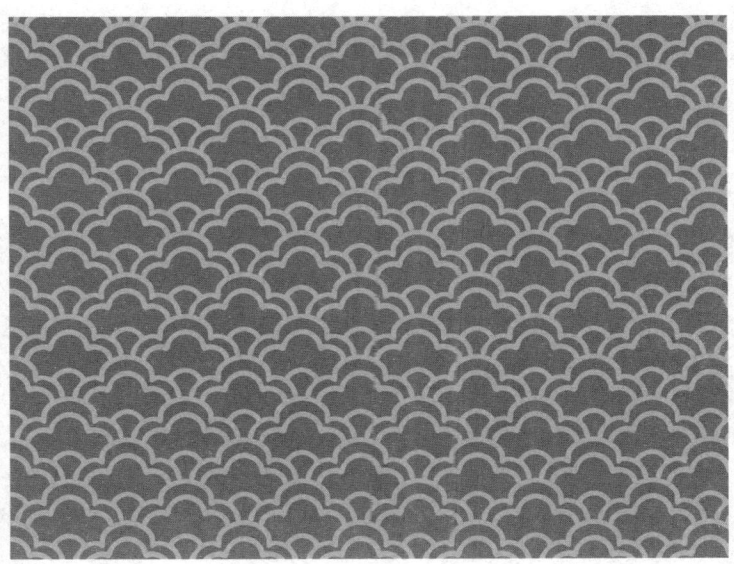

La forma de vida del guerrero gira en torno a las artes marciales y la estrategia. Los oficiales, en específico, son quienes más deberían practicar estas artes; los soldados, por supuesto, también deberían instruirse en esta forma de vida. Hoy en día no existe ningún guerrero que comprenda del todo el método de la estrategia y de las artes marciales.

Antes de comenzar, es necesario ejemplificar qué es una forma o método de vida, ya que hay varias. El budismo es una forma o método de vida que sirve para ayudar a las personas a alcanzar la salvación; el confucianismo es la forma o método para cambiar la cultura a través del aprendizaje. La forma o método de sanación es la que lleva a cabo el médico, así como el poeta trabaja la forma o el método de la poesía. Hay diferentes formas y métodos relacionados a la ceremonia del té, la arquería, la adivinación y predicción del futuro, entre otras muchas artes y habilidades.

Cada individuo practica el método por el que sienten mayor predilección y así logran desarrollar sus habilidades y preferencias particulares. Es cierto que pocas personas son admiradoras de los métodos y forma de vida dedicada a las artes marciales, ya que el camino de los guerreros está basado en la familiaridad con las artes culturales y marciales. Incluso aunque no sean muy diestros en este campo, los guerreros deben vigorizar sus capacidades marciales tanto como lo permitan sus circunstancias. Usualmente, la gente tiende a pensar que todos los guerreros reflexionan y aceptan el hecho de estar preparados para morir. Pero, en lo que se refiere a la muerte, no es algo que se limite únicamente a los guerreros. Por ejemplo, los monjes, las mujeres, los campesinos e incluso aquellas personas que pertenecen a clases inferiores, reconocen su obligación y lugar en la sociedad, resignados a morir en pro de su trabajo o por la deshonra de no llevarlo a cabo correctamente; por lo tanto, en esto no hay ninguna excepción o diferencia. El método marcial como forma de vida que practican los guerreros está basado en superar a los demás en todo; ya sea a través de la victoria en un duelo individual de espadas, o ganando en una batalla con múltiples personas. Así, podemos siempre servir a nuestros propios intereses o los de nuestro señor, y también aspirar a ser reconocidos y tener cierto prestigio y poder social. Todo esto es posible gracias a las virtudes de las artes marciales.

No obstante, hay personas que creen que las artes

marciales no sirven de nada cuando surge una problemática o necesidad real, a pesar de haberlas aprendido. Respecto a esto, el espíritu y el propósito verdadero del arte de las ciencias marciales es practicarlas de tal manera que puedan ser útiles y aplicables a cualquier situación, y enseñarlas de una forma que sean beneficiosas en todos los caminos.

EL MÉTODO DE LAS ARTES MARCIALES

En China y en Japón, los individuos que practican y entrenan estas ciencias han sido conocidos como "maestros de las artes marciales". Los guerreros deben aprender este método.

En la actualidad, todas las personas que viven de las artes marciales solo se dedican al uso de la espada. Los asistentes de los templos Kashima y Kantori, ubicados en la provincia de Hitachi, han creado este tipo de escuelas afirmando que todos sus conocimientos les fueron transmitidos por los dioses, y se desplazan de provincia en provincia compartiendo sus enseñanzas con cualquier persona interesada; esta es la idea más reciente que se tiene del método de la estrategia o de las artes marciales.

Desde la antigüedad, el denominado arte de la estrategia ha sido incluido y aceptado como una disciplina más entre todas las artes y disciplinas existentes;

por lo tanto, cuando hablamos del arte de la estrategia no podemos limitarnos únicamente al uso de la espada. Incluso el uso de la espada, también conocido como esgrima, difícilmente puede llegar a ser conocida si solo tenemos en consideración cómo ganar una batalla con el uso del sable; es imposible alcanzar el dominio total de la ciencia militar de esta forma, y eso es indiscutible.

Si contemplamos el mundo, observamos que la gente se vale de las artes para obtener ganancias comerciales. Los hombres se equipan para venderse a sí mismos, considerándose una mercancía más, e incluso llevan a cabo mejoras y modernizaciones como si ellos mismos fuesen un objeto más en el mercado. Si hacemos una distinción entre lo superficial y lo sustancial, nos daremos cuenta de que esta actitud es menos real que la ornamentación.

El campo de las artes marciales está especialmente repleto de victorias con la lucha de la espada, siendo bastante popular comercialmente y siendo provechosa tanto para los que enseñan dicha ciencia como para aquellos que la estudian. Y como bien dijo alguien en su momento, el resultado de esto es que "la estrategia de los inmaduros o aficionados es motivo de grandes sufrimientos".

Ahora, hablando de forma más genérica, existen cuatro tipos de métodos, o formas de vida, que el hombre atraviesa durante su vida: la del caballero/guerrero, la del campesino, la del artesano y la del comerciante.

La *primera forma de vida* es la del campesino. Los campesinos elaboran todo tipo de utensilios agrícolas y durante años observan las estaciones desde abril a otoño con mucha atención a los cambios sutiles de cada una. Esta es la forma de vivir del campesino.

La *segunda forma de vida* es la del comerciante. Aquellos que elaboran vino o cualquier otro licor obtienen sus ingredientes y viven de los beneficios obtenidos por la calidad del licor que producen. La forma de vida del comerciante es siempre obtener beneficios económicos de cualquier negocio al que se dediquen, generando ganancias conforme su posición particular.

La *tercera forma de vida* es la del caballero/guerrero. Esta forma de vida implica la creación de armas y entender sus propiedades y funcionamiento. Es una obligación para los guerreros; sería, por lo tanto, una falta total de cultura y un gran motivo de vergüenza ignorar el dominio de las armas o las ventajas particulares que cada una tiene en el campo de batalla.

La *cuarta forma de vida* es la del artesano. Si tomamos como ejemplo el estilo de vida del carpin-

tero, podemos observar que implica la fabricación eficiente de cualquier clase de herramienta, saber cómo utilizarla con habilidad, trazar los planos de forma precisa valiéndose de escuadras y reglas, y luego llevar a cabo la realización de dicha herramienta siguiendo los planos de forma diligente y técnica.

Aquí tenemos, entonces, los cuatro métodos o formas de vida: la de los caballeros/guerreros, la de los campesinos, la de los artesanos y la de los comerciantes.

COMPARACIÓN ENTRE EL MÉTODO
DE LAS ARTES MARCIALES Y LA CARPINTERÍA

Hablaré de las artes marciales, o del método de la estrategia, comparándola con la disciplina del carpintero. Esta metáfora se utiliza haciendo referencia al constructo de casa. Hablamos, por lo tanto, de casas de la nobleza, casas militares o de las artes; podemos decir que una casa está en ruinas y se derrumba o que una casa está bien conservada y se mantiene. También hablamos de esta o aquella tradición o estilo de "casa". La palabra "carpintero" se escribe con los caracteres que designan "gran pericia" o "gran maestro". Dado que la ciencia de la estrategia implica una gran habilidad y una planificación llevada a cabo con gran maestría, decido describirla utilizando términos relacionados con la carpintería.

Si quieren aprender la ciencia de la estrategia o de las artes marciales, deben reflexionar al respecto y tener en cuenta este libro; dejen que el maestro sea la aguja y el discípulo el hilo: practiquen continuamente y sin descanso.

Dado que el maestro carpintero es el supervisor y director general de los aprendices, su deber es comprender y respetar las reglas de la naturaleza, las reglas del país e, incluso, las reglas de la propia localidad y establecimiento.

El maestro carpintero también debe conocer la teoría arquitectónica de las torres y templos; los planos y medidas de los palacios, y debe valerse de los hombres para edificar casas y cualquier tipo de estructuras. Podríamos decir, entonces, que el maestro carpintero es igual al maestro guerrero.

Cuando se recoge la madera para construir una casa, aquella que esté lisa, sin nudos y con buen aspecto, es la que se escogerá para las columnas. La que tiene algunas imperfecciones o nudos, y no esté lisa ni sea tan fuerte, se utilizará, en cambio, como columna trasera. La que es débil, sin nudos, pero con buen aspecto, puede ser utilizada de distintas formas, ya sea para construir biombos, umbrales o dinteles. Por último, la que tiene imperfecciones y está algo torcida, pero aun así es fuerte, se utilizará según los elementos existentes en la casa. De esta forma, se construirá una casa que perdurará en el tiempo.

Incluso la madera que posee nudos, que está retorcida y es débil, puede utilizarse para crear estructuras o andamios y, luego, ser reutilizada como leña.

Cuando el maestro carpintero está guiando a los obreros, asigna las tareas valiéndose de los conocimientos que posee de sus diversas capacidades y niveles de competencia. Algunos se dedican a construir los suelos, otros se dedican a las puertas y biombos, otros a los pórticos, dinteles o techos. Si hay alguno que no está todavía suficientemente cualificado, le asigna la tarea de entablar y, si hay alguno menos cualificado, le pide que se dedique a fabricar cuñas. El trabajo fluye y progresa sin dificultad siempre y cuando el maestro carpintero ejerza el discernimiento correcto en la asignación de deberes.

Hay una gran variedad de asuntos y circunstancias que el maestro carpintero debe tener en cuenta: la eficacia y el progreso continuo, el reconocimiento del valor en los diferentes niveles de moral, la prudencia en todos los aspectos, la confianza en sus compañeros y ser consciente de todos los escenarios y de lo que puede salir bien o mal. La base o, podríamos decir, el principio del método de la estrategia o de las artes marciales, es exactamente igual.

LA CIENCIA DE LAS ARTES MARCIALES

Si hablamos en términos de carpintería, podríamos decir que los soldados afilan sus instrumentos, elaboran diversos utensilios y los guardan en sus respectivas cajas de herramientas. Siguiendo las indicaciones del maestro carpintero, hacen columnas y vigas con hachas, dan forma a suelos y repisas con un cepillo e incluso esculpen bajorrelieves y verjas. Hacen todo lo necesario y cuanto está a su alcance para que las tareas se lleven a cabo de una forma eficaz, asegurándose de que las medidas son correctas; esta es la base y norma de la carpintería. Solo alguien que ha desarrollado el conocimiento práctico de todas las capacidades de esta técnica, puede convertirse en maestro carpintero más adelante.

Mantener las herramientas afiladas y tenerlas siempre listas para usar es un hábito esencial de los carpinteros. Al carpintero le corresponde utilizar estos utensilios con habilidad, llegando incluso a elaborar pequeños objetos como si se trataran de templos en miniatura: mesas, estanterías, bases de lámparas, planchas, rodapiés. Ser un soldado es exactamente igual; he aquí algo de lo que se debería reflexionar con atención.

Una planificación minuciosa y experta, prevenir las raspaduras y cuidar que no haya deformaciones posteriores, así como evitar las ondulaciones de la madera o hacer que las junturas encajen perfectamente entre ellas, entre otras muchas cosas, son los logros y las tareas que un carpintero debe llevar a cabo.

Si están interesados en aprender esta ciencia, tomen en serio todas las palabras aquí escritas y reflexionen sobre ellas con cuidado y esmero.

SOBRE LA ESTRUCTURA DE
ESTE LIBRO EN CINCO MANUSCRITOS

He decidido escribir este libro en cinco manuscritos para distinguir, a su vez, cinco campos, y así, explicar sus principios en secciones particulares. Estos manuscritos se titulan: Tierra, Agua, Fuego, Aire y Vacío.

En el análisis de mi propia escuela dentro del Manuscrito de la Tierra, se ofrece una detallada descripción de la ciencia de las artes marciales. No es suficiente alcanzar la verdadera ciencia únicamente mediante el dominio de la esgrima. Para comprender lo pequeño, es necesario empezar por conocer lo grande, transitando de lo superficial a lo profundo. Así como un camino recto nivelaría el contorno de la tierra, decidí llamar al primero de estos conceptos como el Manuscrito de la Tierra.

El Manuscrito del Agua, que ocupa el segundo lugar, se enfoca en utilizar el agua como punto esencial de referencia para lograr una mente fluida. Al adoptar el agua como guía central, se logra la fluidez mental. El agua tiene la capacidad de adaptarse a la forma de la vasija, ya sea cuadrada o redonda, manifestándose como una gota diminuta o un vasto océano. Su tonalidad refleja la profundidad de un estanque en aguamarina. En este manuscrito, relato sobre mi propia escuela debido a la pureza inherente al agua.

La consecución de un discernimiento profundo sobre los principios que rigen el dominio de la esgrima y, por ende, la capacidad de vencer a un adversario a voluntad, equivale a la destreza para derrotar a cualquier oponente en el mundo. El espíritu de victoria sobre los demás permanece inalterado, ya sea enfrentándose a miles o a decenas de miles de adversarios.

La ciencia militar de los oficiales se basa en erigir la vastedad a partir de la limitación, similar a la construcción de una estatua monumental a partir de un modelo en miniatura. Detalles específicos de estos asuntos resultan impracticables e imposibles de explicar; el conocimiento extenso a través de un solo punto constituye un principio esencial en la ciencia militar. En el Manuscrito del Agua, hablo acerca de mi propia escuela.

El Manuscrito del Fuego ocupa el tercer lugar. En este escrito, abordo el tema de la batalla. El fuego, con su variabilidad entre ser grande o pequeño, lleva consigo un matiz de violencia, proporcionándome el medio adecuado para explorar los asuntos y misterios de la confrontación. La táctica de combate permanece constante, es decir, es siempre la misma, ya sea en el enfrentamiento entre dos individuos o en el conflicto entre dos ejércitos. Es imperativo contemplar reflexivamente la totalidad del escenario, combinando una percepción global con una atención meticulosa a los detalles que pueden parecer más insignificantes.

La pequeña escala, siendo de difícil percepción, contrasta con la evidencia de la amplia escala que resulta fácilmente visible. Es imposible modificar la dirección de un gran grupo de personas de manera instantánea, mientras que la pequeña escala, al implicar solo la voluntad de un individuo, permite cambios más rápidos. Es esencial reflexionar cuidadosamente sobre este aspecto.

Dado que los eventos descritos en este Manuscrito del Fuego acontecen en un instante, la práctica diaria en las artes marciales se torna crucial para familiarizarse con ellos. Tratar estos asuntos como situaciones cotidianas contribuye a mantener la mente imperturbable. En este manuscrito, me dedico a narrar sobre la lucha en el campo de batalla.

El Manuscrito del Aire, que ocupa el cuarto lugar, difiere de mis escritos anteriores, ya que no se centra en mi propia escuela. El motivo detrás de este nombre radica en que aquí me dedico a abordar las diferentes escuelas de artes marciales que existen en el mundo. La elección de la palabra "aire" tiene como objetivo simbolizar conceptos como "estilo" o "manera de ser". Al referirnos al antiguo estilo, al estilo contemporáneo y a la forma de ser de diversas cosas, estamos hablando de "aire". En este manuscrito, me sumerjo por completo en la exploración de las técnicas distintivas de las diversas escuelas de artes marciales a nivel mundial. Comprender verdaderamente a los demás se vuelve crucial para alcanzar una comprensión más profunda de uno mismo.

En la práctica de cualquier forma de vida y en la ejecución de cualquier labor, existe un estado mental que se describe como desviado. A pesar de dedicar esfuerzos diligentes día tras día en sus propios caminos, si el corazón no está alineado con este camino, incluso si creen estar en la senda correcta, desde la perspectiva de la justicia y la verdad, no es un auténtico camino. Si no siguen un sendero genuino hasta el final, una pequeña desviación al principio se puede magnificar en una gran perversión. Mediten sobre este aspecto.

No sorprende que la concepción común en el mundo limite las artes marciales a la esgrima. En lo que respecta a los principios y tácticas de las artes marciales, esta percepción está lejos de la realidad. En este Manuscrito del Aire, me embarco en la tarea de dar a conocer al mundo las artes marciales, abordando otras disciplinas para ampliar la comprensión más allá de la esgrima.

El Manuscrito del Vacío ocupa la quinta posición. Su denominación como "vacío" se origina en la imposibilidad de definir las profundidades internas utilizando términos superficiales una vez que nos referimos al "vacío". Al alcanzar un principio, se produce un desapego de este; de esta manera, se adquiere una independencia espontánea en la ciencia de las artes marciales. Este estado conlleva naturalmente la capacidad de realizar proezas sorprendentes: discernir el ritmo en el momento exacto, ejecutar golpes sin esfuerzo mental y obtener resultados de manera intuitiva. Todo esto constituye la esencia del camino del vacío. En el Manuscrito del Vacío, me he dedicado a explorar la entrada natural a la auténtica senda.

SOBRE EL NOMBRE DE ESTA ESCUELA INDIVIDUAL: "ESCUELA DE LOS DOS SABLES"

Hacemos referencia a los sables, en plural, porque todos los guerreros, ya sean oficiales como soldados, están en la obligación de portar dos sables. En tiempos antiguos solían llamarse *tachi* y *katana*, o el gran sable y el sable respectivamente. Ahora en la actualidad se llaman *katana* y *wakizashi*; o sable y arma que se lleva al costado. No es preciso explicar con detalles el por qué los guerreros deben llevar dos sables. La costumbre de los guerreros siempre ha sido llevarlos a ambos lados, tanto si sabe manejarlos con propiedad o no, al menos en Japón. Con la intención de señalar las ventajas de portar los dos sables, he decidido nombrar a nuestra escuela como la Escuela de los Dos Sables, también conocida como "Niten Ichi Ryu".

Respecto a la lanza, la alabarda y otras armas, también se consideran parte de todo el equipo del guerrero. Lo principal en nuestra escuela, si nos enfocamos en los principiantes, es aprender y practicar la ciencia de empuñar los dos sables, el largo en una mano y el corto en la otra. Es necesario utilizar todas las armas de las que disponemos cuando nuestra vida corre peligro. Ningún guerrero desearía morir con sus sables enfundados, aunque cuando se sostiene algo en cada mano es complicado esgrimir con la misma ligereza y libertad la izquierda o la derecha; por lo tanto, mi misión es que se acostumbren a manejar el sable largo con una mano.

Cuando tenemos armas más largas como la lanza y la alabarda, no tenemos ninguna otra opción; pero el sable largo y el sable corto son armas que fácilmente pueden manejarse con una sola mano.

Manejar un sable largo con ambas manos presenta desafíos notables, especialmente al montar a caballo o al correr apresuradamente. No resulta apropiado en terrenos complicados, como pantanos, campos embarrados, llanuras pedregosas, caminos concurridos o lugares abarrotados. Si se sostiene un arco, una espada u otra arma con la mano izquierda, se puede fácilmente blandir el sable largo con una sola mano. Por lo tanto, la auténtica senda no radica en el manejo del sable largo con ambas manos.

Cuando la tarea de infligir un golpe mortal resulta impracticable utilizando solo una mano, entonces se justifica emplear ambas manos para dicho propósito. Este enfoque no debería requerir un esfuerzo desmesurado. La Escuela de los Dos Sables representa un método destinado a enseñar el manejo del sable largo con una sola mano, inicialmente orientada a habituar a las personas a empuñar el sable largo de esta manera.

Al principio, el sable largo puede parecer pesado e inmanejable para todos, pero esto es común al comenzar con cualquier habilidad: tensar un arco y empuñar una alabarda también presentan sus propios desafíos. Por lo tanto, con la práctica y la familiarización con cada arma, se fortalece la destreza con el arco y se adquiere la capacidad de manejar el sable largo con facilidad. Al alcanzar la maestría en el método, el manejo del sable se vuelve sencillo.

Es importante señalar que blandir el sable largo con gran velocidad no constituye la fórmula correcta, como se aclarará en la segunda parte, en el Manuscrito del Agua. La idoneidad del sable largo en lugares espaciosos y del sable corto en espacios reducidos es una premisa esencial. En nuestra escuela, la victoria puede ser alcanzada tanto con el sable largo como con el sable corto. Por esta razón, no existe una longitud precisa establecida para el sable largo. La esencia de nuestra enseñanza reside en el espíritu de obtener el triunfo utilizando ambas modalidades.

Manejar dos sables en una pelea individual o al intentar hacer prisioneros presenta ventajas superiores en comparación con el uso de un sable largo. Detalles exhaustivos sobre puntos como estos no son necesarios; a partir de cada indicio, se pueden deducir innumerables aspectos. Una vez que hayan alcanzado la maestría en la práctica de la ciencia de las artes marciales, no habrá ningún aspecto que escape a sus percepciones. Reflexionar sobre esto de manera profunda y meticulosa es totalmente necesario.

Sobre los beneficios de las palabras "artes marciales"

En esta disciplina, a aquellos que han dominado el arte del sable largo se les designa comúnmente como maestros de las artes marciales. En el ámbito de las artes marciales, a quienes poseen habilidades destacadas en el manejo del arco se les denomina arqueros, mientras que a aquellos versados en el uso del fusil se les reconoce como fusileros. Un individuo experto en el manejo de la lanza recibe la denominación de lancero, y aquel que ha perfeccionado la utilización de la alabarda es conocido como alabardero.

Siguiendo esta lógica, alguien que ha aprendido las técnicas del sable podría ser identificado como "hombre del sable largo" y "portador de armas al costado". Dado que el arco, el fusil, la lanza y la alabarda son armas propias de guerreros, todas ellas constituyen técnicas en el ámbito de las artes marciales. Sin embargo, es coherente referirse a las artes marciales de manera específica en relación al sable largo. La estructura y armonía de la sociedad, así como el mantenimiento del orden, están influidos por las destrezas relacionadas con el sable largo; por ende, este arma es el fundamento de las artes marciales.

Cuando hayan desarrollado la destreza para manejar el sable largo, su capacidad para vencer aumentará notablemente; con una sola mano, podrán superar a diez hombres. Este logro inicial se traduce en la posibilidad de vencer a mil hombres con cien, y a diez mil con mil. En las artes marciales de nuestra escuela, un individuo se equipara a diez mil; todas las disciplinas de los guerreros, sin excepción, reciben el nombre de artes marciales.

En términos de caminos de vida, abarcamos desde confucianos y budistas hasta maestros en el arte del té y maestros de etiqueta, así como bailarines, entre otros. Estos diversos caminos convergen en la senda de los guerreros. Aunque estas disciplinas puedan no ser de sus elecciones personales, un amplio conocimiento de todas ellas revelará conexiones en todas las cosas. En última instancia, como seres humanos, resulta esencial para cada uno de nosotros cultivar y perfeccionar nuestro propio camino.

Sobre los beneficios de
las armas en las artes marciales

Al examinar las fortalezas de las herramientas de los guerreros, se revela que, sin importar la elección del arma, siempre hay un momento y una circunstancia adecuados. El sable corto demuestra ser particularmente beneficioso en espacios limitados o lugares estrechos, especialmente cuando la proximidad con el adversario es significativa. Por otro lado, el sable largo suele ser versátil y adecuado en prácticamente cualquier situación. En el campo de batalla, la alabarda parece estar en una posición inferior en comparación con la lanza; la lanza sería la vanguardia mientras que la alabarda sería la retaguardia. Con un nivel de habilidad equivalente, aquel que posee una lanza disfruta de una ligera ventaja.

Las circunstancias son determinantes tanto para la lanza como para la alabarda. En situaciones de gran aglomeración, ninguna de estas armas resulta especialmente útil. Además, su utilidad se ve limitada cuando se trata de la captura de prisioneros; su verdadero propósito debe reservarse para el campo de batalla, donde desempeñan un papel crucial en enfrentamientos masivos. Sin embargo, si se aprende a emplearlas en entornos de entrenamiento, concentrándose en minuciosos detalles y perdiendo así la auténtica metodología, difícilmente serán apropiadas.

El arco también encuentra su lugar en el campo de batalla, siendo efectivo para llevar a cabo cargas y retiradas estratégicas. Destaca en enfrentamientos a campo abierto, permitiendo disparar de forma rápida y directa contra las formaciones de lanceros u otros oponentes. No obstante, su idoneidad disminuye al asediar un castillo y en situaciones donde el adversario se encuentra a más de doscientos metros de distancia.

En la actualidad, no solo el arco sino también otras disciplinas exhiben más ornamento que utilidad práctica. Estas técnicas resultan ineficaces cuando se enfrentan a necesidades verdaderas. Dentro de las fortificaciones del castillo, ningún arma supera al arte del fuego[3] al inicio de la batalla. De todos modos, una vez que se involucra en el combate cuerpo a cuerpo, esta arma ya no es apropiada.

Una virtud destacada del arco radica en la capacidad de seguir visualmente la trayectoria de las flechas disparadas, lo cual es muy beneficioso. Por otro lado, una limitación del arma de fuego es la imposibilidad de rastrear la trayectoria de las balas. Este aspecto debe ser considerado con detenimiento.

En relación a los caballos, resulta fundamental que posean robustez sin caer en excesiva fogosidad. En términos generales sobre las herramientas del guerrero,

---

3   Suele considerarse que las armas de fuego llegaron a Japón gracias a los portugueses y los jesuitas en el año 1543, aunque la primera compra oficial de la que se tiene registro fue en 1510 por el daimio de Odawara. Musashi nació en 1584.

se requiere que el caballo sea hábil trotador; los sables largo y corto deben exhibir precisión en sus cortes; la lanza y la alabarda deben tener capacidad de penetración profunda, mientras que el arco y el arma de fuego deben ser duraderos y certeros.

No es necesario aferrarse de manera especial a un arma específica ni a cualquier otra cosa, esto es de suma importancia. El exceso resulta análogo a la insuficiencia. Sin restricciones, se debe contar con tantas armas como sea pertinente. Mantener preferencias y aversiones resulta perjudicial tanto para los oficiales como para los soldados. Adoptar un enfoque pragmático es esencial.

SOBRE EL RITMO DE LAS ARTES MARCIALES

El ritmo es una presencia omnipresente, pero en particular, los ritmos asociados con las artes marciales son difíciles de perfeccionar sin una práctica dedicada. La manifestación del ritmo se observa en diversas manifestaciones mundanas como la danza y la música, incluyendo instrumentos como flautas y cuerdas, y todos incorporan armoniosos compases.

En el ámbito de las artes marciales, se experimentan ritmos y armonías al practicar el tiro con arco, disparar armas de fuego e incluso al montar a caballo. En cualquier disciplina, ya sea un arte o una ciencia, la atención al ritmo no debe subestimarse. Incluso el estado de vacío posee su propio ritmo.

En la carrera profesional de un guerrero se experimentan ritmos ascendentes y también descensos, así como momentos de satisfacción y frustración. En el ámbito comercial, los ritmos que conducen a la prosperidad coexisten con aquellos que llevan a la pérdida de fortuna. La armonía en los ritmos, así como su ausencia, es algo que está presente en todas las facetas de la vida y es crucial hacer una distinción meticulosa entre los ritmos de crecimiento y los de decadencia en cada entidad específica.

Los ritmos en las artes marciales son muy variados. En primer lugar, implica reconocer los ritmos adecuados y comprender los inapropiados, discernir entre los ritmos amplios y estrechos, lentos y rápidos. También implica comprender los ritmos de las relaciones espaciales y los ritmos de inversión. Estos temas representan ciertas especialidades dentro de la ciencia marcial. A menos que se comprendan los ritmos de inversión, la confianza en el arte marcial resulta insuficiente.

En el ámbito de la ciencia militar, la estrategia para ganar una batalla se basa en la comprensión de los ritmos específicos de los oponentes y en la aplicación de ritmos inesperados, creando así ritmos sin forma a partir de la sagacidad. A través de la dedicación continua, tanto día como noche, a la ciencia de las artes marciales de nuestra escuela, la mente se expande de manera orgánica; por eso la expongo al mundo como un conocimiento colectivo e individual. Así, plasmo estos cinco manuscritos titulados Tierra, Agua, Fuego, Aire y Vacío.

Para aquellos interesados en aprender mi ciencia militar, existen ciertas directrices para la adquisición de este arte:

1) Reflexionar sobre lo que es recto y veraz.

2) Dedicar tiempo y esfuerzo al estudio y desarrollo de la sabiduría.

3) Acostumbrarse a las diversas disciplinas artísticas.

4) Familiarizarse con los fundamentos de la ocupación que se lleve a cabo.

5) Comprender las implicaciones negativas y positivas de cada acción.

6) Perfeccionar la habilidad de observar cada cosa con precisión.

7) Mantenerse alerta ante lo que no es evidente a primera vista.

8) Ejercitar la precaución incluso en los asuntos más insignificantes.

9) Evitar emprender acciones que carezcan de utilidad.

La práctica de la ciencia marcial, en términos generales, debe guiarse por estos principios. En esta disciplina en particular, la maestría es difícil de alcanzar a menos que se pueda discernir de manera inmediata en un contexto más amplio. Una vez internalizado este principio, la derrota en un enfrentamiento individual contra veinte o treinta adversarios se vuelve improbable.

En primer lugar, hay que mantener viva la esencia de las artes marciales y trabajar con diligencia de manera directa; así, podrán prevalecer con sus propias manos y vencer a los demás al observar con agudeza. Además, al perfeccionar la práctica hasta alcanzar la libertad total del cuerpo, podrán superar a los demás a través de la destreza física. Dado que el espíritu se forja en y con esta ciencia, también podrán triunfar sobre los demás mediante la fortaleza mental. Al llegar a este nivel, la posibilidad de ser derrotados por otros es prácticamente inexistente.

Igualmente, la estrategia militar a gran escala abarca la victoria al retener a individuos valiosos, movilizando una amplia fuerza laboral, logrando el éxito mediante la conducta personal adecuada, triunfando en la administración de naciones, prosperando en el cuidado de la población menos privilegiada y destacando en el cumplimiento de las normas sociales. En cualquier esfera de la actividad, la comprensión de cómo evitar la derrota ante otros, cómo favorecer el propio progreso y cómo elevar el honor particular, constituye una faceta crucial de la ciencia militar.

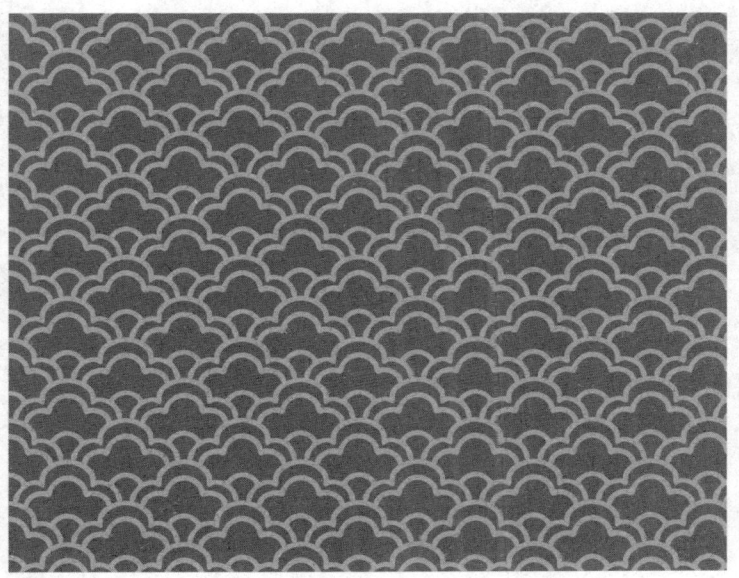

El Manuscrito del Agua

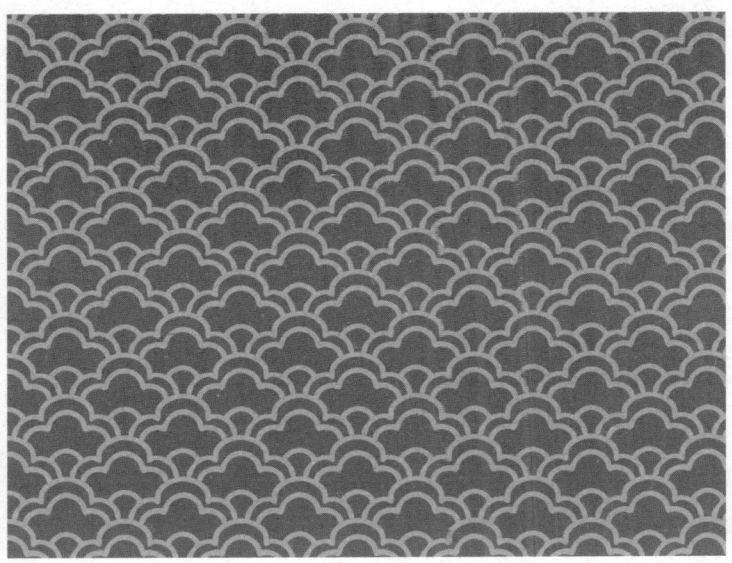

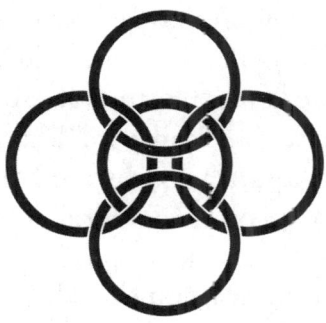

La esencia de la escuela de los Dos Cielos en las artes marciales se fundamenta en el agua. Al poner en práctica los métodos del arte de la ventaja, denomino a esta enseñanza el Manuscrito del Agua, en el cual explico el sistema del sable largo, propio de nuestra escuela.

La precisión con la que comprendo esta ciencia en mi corazón es absolutamente intransferible a la escritura. No obstante, aunque las palabras resulten insuficientes, los principios deberían manifestarse de manera clara por sí mismos. En relación con lo escrito aquí, es recomendable detenerse en cada palabra. Si se reflexiona de manera general sobre ellas, se corre el riesgo de malinterpretar muchos aspectos.

En lo concerniente a los principios de las artes marciales, a pesar de que me he referido en diversas ocasiones a los términos de enfrentamientos individuales, es imperativo comprenderlos en el contexto de batallas a gran escala entre dos ejércitos.

En esta singular travesía, cualquier desviación, por

mínima que sea, del camino correcto, conlleva la caída en estados desfavorables. La ciencia de las artes marciales va más allá de la mera lectura de estos textos. No se trata simplemente de asimilar intelectualmente lo que está consignado aquí; hay que evitar la mera imitación. En lugar de eso, recomiendo apropiarse de los principios como si los descubrieran por la esencia misma de nuestro ser, identificarse con ellos de manera constante y trabajar diligentemente sobre ellos.

LA INFLUENCIA DEL ESPÍRITU EN LAS ARTES MARCIALES

Dentro de la ciencia de las artes marciales, el estado mental debe mantenerse constante, al igual que en la vida diaria. Mientras se practican las artes marciales, no se deben permitir alteraciones: hay que mantener un espíritu abierto y directo, sin tensión excesiva ni relajación extrema. Es necesario conservar una mente centrada para evitar desequilibrios, permitiendo que la tranquilidad fluya continuamente y se saboree de forma plena, sin interrupciones.

Aunque experimenten calma, hay que mantener un espíritu alerta; incluso en situaciones urgentes, el espíritu no debería sentirse apremiado. La mente debe gobernar el cuerpo, y el cuerpo no debe nunca dominar la mente. Enfoca tu atención en la mente, no en el cuerpo. Evita tanto la insuficiencia como el exceso en tu mentalidad. Aunque externamente puedas parecer débil, mantén la fortaleza interior y no dejes que los demás perciban tu verdadero estado mental. Esto es crucial para aquellos que son físicamente pequeños y necesitan aprender a proyectar grandeza, así como para aquellos que son físicamente grandes y deben comprender cómo mostrarse modestos. Tanto si eres físicamente grande o pequeño, es esencial mantener el espíritu libre de desviaciones subjetivas.

Cultiva el espíritu, dejándolo claro y receptivo, elevando el intelecto a un plano más expansivo. La meticulosa refinación del intelecto y el espíritu es crucial. Al utilizar el intelecto hasta alcanzar la capacidad de discernir la verdad y la falsedad en el mundo, de distinguir entre lo bueno y lo malo, y después de explorar diversos dominios sin ser engañados, nuestro espíritu se impregnará con el conocimiento y la sabiduría del arte de la guerra.

El conocimiento del arte de la guerra posee una cualidad única. Dominar los principios de esta disciplina es esencial, aprendiendo a mantener un espíritu imperturbable incluso en medio del fragor de la batalla.

ACTITUD FÍSICA EN LAS ARTES MARCIALES

En cuanto a la apariencia física, hay que evitar que el rostro se incline hacia abajo, hacia arriba o hacia los lados, y mantener la mirada fija. Evitar fruncir el ceño, pero permitir que se forme un surco entre las cejas. Mantener los ojos inmóviles y reducir el parpadeo al mínimo. Entornar ligeramente los ojos y procurar mantener una expresión serena en el rostro, con la nariz recta y la barbilla ligeramente hacia adelante.

La parte posterior del cuello debe permanecer recta, concentrando la fuerza en la nuca. Sintiendo el cuerpo como una unidad desde los hombros hacia abajo, bajar los hombros, mantener la columna vertebral erguida y no apoyar las nalgas. Dirigir la concentración de poder hacia las partes inferiores de las piernas, desde las rodillas hasta la punta de los dedos de los pies. Tensar el abdomen para evitar que el pecho se hunda.

La enseñanza conocida como "ajustar la cuña" implica que el abdomen está sujeto por la vaina del sable corto, asegurando que el cinturón no quede holgado. En términos más amplios, resulta crucial que nuestro porte en general refleje el mismo que mantenemos en las artes marciales, convirtiéndolo así en nuestro porte cotidiano. Este aspecto merece una consideración detenida.

EL ENFOQUE DE LOS OJOS EN LAS ARTES MARCIALES

La atención de los ojos debe sintonizarse para maximizar la amplitud y alcance de la visión. Distinguir entre la observación y la percepción es crucial; el ojo que observa debe ser más agudo, mientras que el ojo que percibe puede ser más débil. Una habilidad distintiva en las artes marciales radica en ver de cerca lo que está lejos y, al mismo tiempo, observar lo cercano con una perspectiva distante.

En el ámbito de las artes marciales, es fundamental estar consciente de los sables de los adversarios, evitando fijar la mirada en ellos. Este enfoque requiere esfuerzo. La cuestión de enfocar los ojos es aplicable a la ciencia militar tanto a pequeña como a gran escala. Se vuelve esencial ver ambos lados sin mover los globos oculares. Lograr dominar estas habilidades simultáneamente cuando hay prisa es complicado. Debemos mantener presente lo que se ha expresado aquí, habituándonos de manera constante a este enfoque ocular y a alcanzar el estado en el que nuestra atención visual permanezca inalterada ante cualquier circunstancia.

CÓMO EMPUÑAR EL SABLE LARGO

Al empuñar el sable largo, el pulgar y el índice deben aplicar una leve presión, el dedo corazón mantiene una firmeza equilibrada, mientras que los dedos anular y meñique permanecen apretados, evitando cualquier laxitud en la mano.

El sable largo debe sujetarse con la mentalidad de

ser un instrumento para neutralizar al adversario. La forma de empuñar no debe cambiar al enfrentarse a los oponentes; mantener la firmeza de nuestra mano constante y sin titubeos. Al golpear, bloquear o neutralizar el sable del adversario, solo hay que ajustar ligeramente la posición del pulgar y del índice, asegurándonos siempre de empuñar el sable con la intención de causar daño.

La manera de asir el sable no debe variar, ya sea al cortar algo para evaluar su filo o al enfrentarse a un oponente en combate, siempre debemos sujetar el sable como si estuviéramos dispuestos a causar daño mortal.

En términos generales, es crucial evitar la rigidez y mantener una posición inmutable, tanto con el sable como con la mano. La posición estática conduce al declive, mientras que la fluidez es el camino de la vitalidad. Esta es una lección fundamental que debe comprenderse.

SOBRE EL MOVIMIENTO DE LOS PIES

En relación con los pies, tenemos que asegurarnos de mantener una posición firme sobre los talones, al mismo tiempo que permitimos cierta libertad en los dedos de los pies. Ajustamos la longitud y la velocidad de nuestros pasos de acuerdo con la situación, pero siempre caminamos de la manera habitual. Evitar pasos inseguros, inconstantes y ruidosos.

Dentro de los elementos cruciales de esta disciplina se encuentra lo que se conoce como "pasos complementarios". Esto implica que no nos desplazamos únicamente con un pie. Ya sea avanzando, retrocediendo o deteniendo un golpe, el movimiento debe ser de derecha-izquierda-derecha-izquierda, con pasos que se complementen mutuamente. Prestar especial atención para no permanecer solo sobre un pie. Este es un aspecto que requiere una consideración minuciosa.

Cinco maneras de ponerse en guardia

Existen cinco modalidades para asumir la guardia: la posición superior, la posición media, la posición inferior, en guardia por la derecha y en guardia por la izquierda. Aunque estas formas de guardia puedan ser clasificadas en cinco categorías, todas ellas comparten el objetivo de ser letales. No hay otras formas de guardia más allá de estas cinco.

Independientemente de la guardia que elijamos, no la consideraremos como una posición defensiva; más bien, la concebimos como una parte integral del acto de matar. Las posiciones superior, media e inferior son guardias sólidas, mientras que las dos posiciones laterales son guardias fluidas. Las guardias por la derecha y por la izquierda son apropiadas en lugares donde el espacio sobre la cabeza o los lados es limitado. La elección entre la guardia derecha e izquierda se determina según la situación.

Lo crucial en este camino es reconocer que la guardia media es la más perfecta. En esta guardia media reside toda la ciencia de adoptar una posición de defensa. La consideraremos desde la perspectiva de la ciencia militar a gran escala: el centro corresponde a la posición del general, mientras que las otras cuatro guardias le siguen. Este aspecto debe ser analizado detenidamente.

LA VÍA DEL SABLE LARGO

Dominar la senda del sable largo implica que, incluso sosteniendo el sable con dos dedos, sabemos cómo manejarlo y blandirlo sin dificultad. Al intentar desplegar rápidamente el sable largo, se desvían de la senda adecuada y, por ende, resulta difícil de controlar. La clave reside en blandir el sable largo con calma, facilitando así su manejo.

Cuando se trata de maniobrar rápidamente el sable largo, al igual que podríamos usar un abanico o un sable corto, se desvían de la senda específica del sable largo, volviéndolo complicado de manejar. A esto se le denomina "trinchar con el sable corto" y resulta ineficaz para enfrentar a un oponente con un sable largo.

Al golpear hacia abajo con el sable largo, lo retiramos de manera confortable. En cuanto a los movimientos laterales, lo devolvemos a su posición original de manera convencional. Estirar el codo al máximo y blandir con fuerza representa la esencia de la vía del sable largo.

PROCEDIMIENTOS DE LAS
CINCO TÉCNICAS CONVENCIONALES

PRIMERA TÉCNICA

La posición de guardia se encuentra en el término medio, con la punta del sable apuntando directamente hacia el rostro del adversario. Cuando nos enfrentamos al oponente y este ataca con el sable largo, contrarrestamos su embiste desviándolo hábilmente hacia la derecha. Ante un segundo golpe, dirigimos hacia atrás y hacia arriba la punta de su sable; dejamos nuestro propio sable en posición tras su rebote hacia abajo, aguardando pacientemente hasta que el adversario inicie su próximo ataque; en ese momento, golpeamos las manos del oponente desde la parte inferior.

Las cinco técnicas convencionales resultan arduas de comprender únicamente mediante la escritura. Es esencial practicar las cinco técnicas convencionales con el sable en mano. A través de estas cinco ideas fundamentales sobre el manejo del sable, comprenderán mi destreza en su utilización, y las tácticas empleadas por los adversarios se harán evidentes. Cabe mencionar que, en el método de Los Dos Sables en la esgrima, no existen más que cinco posiciones de guardia. El adiestramiento y la práctica son imperativos.

SEGUNDA TÉCNICA

La posición de guardia se sitúa en la posición superior, y contraatacamos al adversario justo en el instante en que intenta asestarnos un golpe. Si nuestro sable no alcanza al adversario, detenemos temporalmente nuestro ataque, aguardando hasta que él se disponga a atacar de nuevo. En ese momento, ejecutamos un barrido ascendente desde abajo. El mismo principio se puede aplicar cuando volvemos a atacar.

En esta técnica, se despliegan diversos estados mentales y distintos ritmos. Si practican el adiestramiento de mi escuela a través de los fundamentos que subyacen en esta técnica, alcanzarán un conocimiento integral de las cinco formas de esgrima y podrán prevalecer en cualquier situación. Solo requiere dedicación y práctica constante.

TERCERA TÉCNICA

Con el sable mantenido en la posición inferior, mostrando la determinación de tomar el control de la situación, aguardamos a que el adversario inicie un nuevo ataque. En el momento en que él intenta desarmarnos, elevamos el sable con decisión, siguiendo su mismo ritmo, y luego, tras su ataque, golpeamos sus brazos a ambos lados. El objetivo es derrotar al adversario de una vez desde la posición inferior, justo cuando él ejecuta su golpe. Adoptar la guardia con el sable en la posición inferior es una destreza que se aprende inicialmente y que se perfecciona a lo largo de la práctica de esta ciencia; dicha técnica debe ser practicada con el sable en la mano.

CUARTA TÉCNICA

Colocamos el sable en posición horizontal a la izquierda, listos para golpear las manos del adversario desde abajo cuando intenta atacar. En el momento en que el adversario busca desarmarnos golpeando desde abajo hacia arriba, interceptamos de inmediato la trayectoria de su sable, con la intención de herir sus manos y realizar un corte diagonal hacia arriba, apuntando hacia nuestro hombro. Esta es la técnica adecuada para manejar un sable largo. Asimismo, representa la estrategia para triunfar, bloqueando el camino del sable del adversario si intenta lanzar un nuevo ataque. Este enfoque debe ser considerado con atención.

QUINTA TÉCNICA

El sable se sostiene en posición horizontal hacia la

derecha. Al identificar el ataque del adversario, movemos nuestro sable desde la parte inferior en diagonal hacia arriba hasta la posición de guardia superior, y luego ejecutamos un golpe directo desde arriba. Este proceso es crucial para alcanzar la destreza en el manejo del sable largo. Al dominar esta técnica, seremos capaces de empuñar con facilidad un sable largo y pesado.

Evitaré entrar en detalles sobre estas cinco técnicas convencionales. Para comprender la utilización del sable largo en mi escuela, así como para, generalmente, comprender los ritmos y discernir las tácticas de esgrima de los adversarios, primero, empleamos estas cinco técnicas para perfeccionar de manera constante nuestras habilidades. Incluso durante enfrentamientos con adversarios, mejoramos la destreza con el sable largo, sintonizando con el espíritu del oponente, adaptándonos a diversos ritmos y asegurando la victoria de manera versátil. Esto requiere una observación atenta.

SOBRE LA VENTAJA DE MANTENER UNA POSTURA SIN TENERLA

Mantener una postura sin realmente tenerla, o una posición de defensa sin ser defensiva, implica que el sable largo no debe quedar inmovilizado en una posición estática. Aunque existen cinco formas específicas de colocar el sable, las posiciones deben ajustarse a ellas. Dónde sostengas el sable varía según tu relación con el adversario, depende del entorno y debe adaptarse a la circunstancia; siempre que lo sostengas, la premisa fundamental es que debe ser eficiente para neutralizar al adversario.

En ocasiones, la posición de guardia superior puede descender ligeramente para convertirse en una posición media, mientras que la guardia media puede elevarse sutilmente, según la ventaja que se pueda obtener, transformándose así en una posición superior. Asimismo, la guardia inferior puede elevarse un poco en ciertos momentos para convertirse en una posición media. Las posiciones laterales también pueden desplazarse hacia el centro, según la disposición del enfrentamiento con el adversario, resultando en una guardia media o inferior según la situación.

En este contexto, el principio radica en adoptar una posición de guardia sin adherirse rígidamente a una posición estática. En primer lugar, al levantar el sable, la premisa fundamental es siempre la de aniquilar al adversario. Ya sea que estemos interceptando, golpeando, bloqueando sus ataques, o inmovilizando y obstruyendo su trayectoria, todas estas acciones representan oportunidades para desarmar al adversario. Este concepto es crucial. Enfocarse únicamente en interceptar, golpear, bloquear, inmovilizar o desviar la trayectoria, nos limitará en la capacidad de eliminar al oponente. Es esencial visualizar cada movimiento como una oportunidad para acabar con el adversario. Este enfoque debe ser evaluado cuidadosamente.

En la estrategia militar a gran escala, la disposición de las tropas también implica una cuestión de colocación. Cada situación se convierte en una oportunidad para ganar una batalla, y aferrarse a una posición estática se considera desfavorable. Este aspecto requiere un análisis detenido y una profunda reflexión.

GOLPEAR AL ADVERSARIO EN UN SOLO COMPÁS

Dentro de los ritmos empleados para impactar al adversario, se distingue el conocido como "un solo compás". Descubriendo una postura desde la cual podamos alcanzar al oponente, identificando el instante en que aún no ha determinado su respuesta, descargamos un golpe directo, con la máxima celeridad, sin que nuestro cuerpo se desplace ni nuestro enfoque se desvíe. Este ataque, ejecutado antes de que el adversario haya considerado retirarse, detener el golpe o contraatacar, es conocido como "un solo compás". Después de adquirir destreza en esta cadencia, es esencial practicar el golpe intermedio con agilidad.

EL RITMO DE LA SEGUNDA PRIMAVERA

El momento propicio para ejecutar el golpe de la segunda primavera surge cuando, justo antes de impactar, el adversario se retrae ágilmente o detiene el golpe. La estrategia consiste en simular un ataque y luego, cuando el oponente se relaja tras la tensión, asestar el golpe. La maestría en este movimiento resultará desafiante únicamente a través de la práctica activa, una vez que hayamos asimilado las enseñanzas impartidas en este manual.

GOLPEAR SIN PENSAMIENTO NI FORMA

Al anticipar el ataque de nuestro adversario, adoptamos una postura de respuesta, con nuestro cuerpo en una posición de ataque y nuestra mente orientada a la ofensiva. Nuestros golpes brotan de manera espontánea desde el espacio, dotados de velocidad y fuerza adicionales. Este método se conoce como golpear sin premeditación ni forma, y representa el golpe más crucial. Este enfoque se repetirá con frecuencia y, por ende, es esencial adquirir y perfeccionar esta destreza mediante una práctica constante.

EL GOLPE DEL CURSO DEL AGUA

El golpe denominado "curso del agua" se emplea cuando te encuentras cara a cara con tu adversario y este intenta retroceder, esquivar o detener rápidamente tu sable. Al expandir tanto el cuerpo como la mente, manejas el sable desde tu posición trasera con total relajación, como si vacilaras, para luego impactar un golpe robusto y poderoso.

Una vez asimilada esta técnica de golpe, se vuelve sencillo ejecutarla con certeza. Resulta crucial discernir la posición del adversario.

EL GOLPE AL AZAR

Al iniciar un ataque y observar que el adversario trata de bloquear o detener el golpe, dirigimos nuestro sable hacia su cabeza, manos y pies de manera simultánea. La acción de impactar en cualquier área disponible con un solo movimiento del sable largo se denomina golpear al azar.

Una vez que hayas dominado esta técnica, notarás su utilidad constante. Su ejecución requiere un discernimiento preciso durante un enfrentamiento.

EL GOLPE CENTELLA

El golpe centella se desencadena cuando los sables del adversario y el nuestro quedan trabados, y descargamos un golpe potente sin levantar nuestro sable en lo más mínimo. Es esencial ejecutar el golpe con rapidez, canalizando la fuerza desde las piernas, pasando por el torso hasta llegar a las manos.

Este movimiento requiere una práctica constante para dominarlo. Una vez que perfecciones su ejecución, se revelará su poderoso impacto.

EL GOLPE DE LAS HOJAS CARMESÍ

La esencia detrás del golpe de las hojas carmesí radica en desviar hacia abajo el sable del adversario y rápidamente elevar de nuevo nuestro sable. Cuando enfrentamos a un adversario que nos ataca, golpea o se defiende con un sable, aplicamos una fuerza contundente al sable del adversario, ya sea con el espíritu de "golpear sin pensamiento y sin forma" o incluso con el de "golpe centella". Al ejecutar esta técnica de manera precisa, con el sable apuntando hacia abajo (kissakisagari), el sable del adversario caerá inevitablemente.

Perfeccionando esta técnica, adquiriremos la habilidad de desarmar a nuestro oponente con facilidad. Es esencial dedicar una práctica meticulosa a este movimiento.

EL CUERPO EN LUGAR DEL SABLE

En este contexto, el cuerpo puede ser designado como el sustituto del sable. De manera global, cuando decidimos asumir la ofensiva, nuestro cuerpo y nuestro sable no se lanzan al ataque simultáneamente. Según las oportunidades que se presenten para golpear al adversario, adoptamos inicialmente una posición ofensiva con nuestro cuerpo, y luego nuestro sable golpea de manera independiente de nuestro cuerpo.

En ocasiones, podemos ejecutar un golpe con nuestro sable sin que el cuerpo se mueva, pero, en general, este último inicia la ofensiva antes de que el sable realice el golpe. Esta dinámica requiere una observación y práctica cuidadosas.

GOLPEAR Y ALCANZAR

Quiero destacar que, al mencionar "golpear" y "alcanzar", me refiero a dos conceptos distintos. La noción de golpear implica que, sin importar el tipo de golpe que empleemos, lo hacemos de manera consciente y precisa. En cambio, alcanzar implica chocar con alguien. Aunque alcancemos a nuestro adversario de manera tan contundente que muera instantáneamente, esto se considera alcanzar. Un golpe ocurre cuando nosotros, de manera consciente y deliberada, ejecutamos el golpe que deseamos propinar. Este concepto requiere de una evaluación detallada y reflexiva.

Alcanzar a un adversario en las manos o en las piernas implica "rozarlo" primero, para luego asestar un golpe potente tras ese roce inicial. Alcanzar se asemeja a "sondear". Dominar verdaderamente esto resulta extraordinario, pero implica un esfuerzo considerable.

EL CUERPO DEL MONO DE BRAZOS CORTOS

La posición conocida como el mono de brazos cortos implica evitar el alcance directo con las manos. La premisa fundamental radica en la proximidad al adversario, logrando alcanzarlo rápidamente antes de que él inicie un ataque, todo esto sin extender las manos hacia adelante en absoluto.

Cuando intentamos avanzar las manos, nuestro cuerpo inevitablemente se retrasa. Por lo tanto, la estrategia se centra en mover todo el cuerpo con rapidez para adentrarse en la defensa del adversario. Resulta sencillo pasar al cuerpo a cuerpo si está al alcance de la mano. Este concepto merece una investigación detallada.

EL CUERPO PEGADO

Esto implica adentrarse en el espacio del adversario y adherirse rápidamente a él. Al penetrar las defensas del oponente, es crucial pegarse firmemente a su cabeza, su torso y sus piernas. La mayoría logra hacerlo rápidamente con la cabeza y las piernas, pero el cuerpo tiende a quedarse rezagado. La adherencia al adversario implica una proximidad tan estrecha que no deja espacio entre ambos cuerpos. Este concepto debe ser examinado minuciosamente.

COMPETIR EN ESTATURA

Implica que, en proximidad al adversario y en cualquier situación, extendemos las piernas, el pecho y el cuello, evitando la contracción del cuerpo. Avanzamos con firmeza hacia el oponente, elevando nuestro rostro al nivel del suyo, como si quisiéramos comparar estaturas y demostrar nuestra superioridad en altura. La clave reside en maximizar nuestra estatura y acercarnos completamente. Este enfoque demanda una atención meticulosa.

ADHERIRSE

Cuando tú y tu adversario lanzan ataques y él logra detener tu ofensiva, la estrategia consiste en aproximarte con tu sable unido al suyo. La adherencia implica que es complicado separar los sables, debes mantenerlos fuertemente unidos, manteniéndolos pegados con firmeza mientras te aproximas, independientemente de la fluidez de tus movimientos. Existe la adherencia y existe el bloqueo. La adherencia es más robusta que el bloqueo. Es fundamental discernir entre estas dos situaciones.

EL ATAQUE CON EL CUERPO

Este golpe se realiza al avanzar hacia el flanco del adversario, empleando tu cuerpo como instrumento. Inclinando sutilmente tu rostro y desplazando tu hombro izquierdo hacia adelante, impactando en su pecho. Durante el golpe, canalizas toda la fuerza disponible desde tu cuerpo; la esencia es acercarse con un salto en el ápice de la tensión.

Una vez que dominas esta técnica de aproximación, puedes propulsar al adversario varios metros hacia atrás, incluso es factible impactar con tanta intensidad que cause su muerte. Lograr esto requiere una dedicación completa al entrenamiento y la práctica.

TRES CLASES DE PARADA

Al enfrentar a un adversario, para detener su golpe de sable, aparentando la intención de herir sus ojos, desviamos su arma hacia la derecha con nuestro propio sable, bloqueando así el ataque. También se encuentra la táctica denominada parada de apuñalamiento, en la cual, simulando un intento de apuñalar el ojo derecho del adversario con la intención de cortar su cuello, frenamos el sable enemigo mediante una estocada. Del mismo modo, cuando el adversario embiste y nosotros nos aproximamos con un sable corto, sin preocuparnos demasiado por bloquear con el sable, avanzamos como si planeásemos golpear su rostro con la mano izquierda.

Estas son las tres variantes de paradas, habilidades que requieren un entrenamiento exhaustivo y práctica constante.

APUÑALAR LA CARA

Cuando te encuentras en una posición equitativa con tu adversario, resulta crucial tener siempre presente la estrategia de apuñalar su rostro con la punta de tu sable, aprovechando los intervalos entre sus ataques y los tuyos. Al dirigir tu intención hacia el rostro del oponente, es probable que este intente distanciarse, moviendo su cuerpo y cara fuera de tu alcance. Al lograr que el adversario retroceda, ganas varias ventajas que puedes aprovechar para alcanzar la victoria. Este aspecto debe ser perfeccionado con atención y dedicación.

En pleno fragor de la batalla, si tu oponente intenta mantenerse fuera de tu alcance, ya has ganado terreno. Por lo tanto, es imperativo no descuidar la táctica de "apuñalar la cara". Este enfoque debe ser cultivado diligentemente durante la práctica de las artes marciales.

APUÑALAR EL CORAZÓN

Cuando te encuentras en un espacio limitado donde realizar movimientos cortantes de sable resulta difícil, recurres a la técnica de apuñalar el corazón para enfrentar a tu adversario. Para desestabilizar el sable del oponente, debes dirigir la parte ascendente de tu sable directamente hacia él, provocando que retroceda ligeramente. Esto evita que el sable se desplace lateralmente y permite que se hunda en su pecho.

Esta estrategia se vuelve especialmente efectiva cuando experimentas fatiga o cuando tu sable no corta con eficacia. Se requiere un discernimiento experto para aplicar esta técnica de manera adecuada en cada situación.

El grito

Cuando te dispones a superar a tu adversario y este responde a tu ataque, empleas dos tipos de gritos, *katsu* y *totsu*. Iniciando desde una posición baja, como si fueras a apuñalar a tu oponente, llevas a cabo un contraataque. En todo momento, emites ambos gritos de manera sucesiva y rápida. La estrategia implica apuñalar hacia arriba con un katsu y luego golpear con un totsu.

Este movimiento es aplicable en cualquier enfrentamiento. Para lograr ambos gritos, elevas la punta del sable en dirección a la apuñalada y, al mismo tiempo, ejecutas un golpe mientras el sable se eleva. La sincronización debe ser practicada meticulosamente y examinada con atención.

LA PARADA CON GOLPE

Durante un enfrentamiento, cuando te encuentras intercambiando golpes con tu adversario y, al golpear, impactas en su sable con el tuyo, esto se conoce como la parada con golpe. La premisa de realizar una parada con golpe no consiste en golpear con excesiva fuerza ni en mantener o bloquear; en respuesta al ataque del sable enemigo, ejecutas un golpe en el sable que se aproxima y, de inmediato, te lanzas al ataque contra el adversario.

Es crucial ser el primero en golpear. Si el ritmo de tu contraataque es adecuado, no importa cuán poderoso sea el golpe del oponente; siempre y cuando mantengas la intención de golpear, la punta de tu sable no se desviará. Esta habilidad debe ser perfeccionada mediante la práctica constante y examinada con detenimiento.

UNA POSICIÓN CONTRA MUCHOS ADVERSARIOS

En el enfrentamiento contra múltiples adversarios, el individuo se encuentra solo ante un grupo. Manejando tanto el sable largo como el sable corto, los desplazas horizontalmente a la izquierda y a la derecha. La estrategia radica en forzar a los adversarios a converger en un único punto si te rodean desde todas las direcciones.

Al discernir el orden en el que los adversarios lanzan sus ataques, tu enfoque inicial debe ser ocuparte de aquellos que lideran el ataque. Manteniendo una visión global de la situación y determinando las posiciones desde las que los adversarios lanzan sus ataques, blandes ambos sables simultáneamente sin que se entorpezcan entre sí. Esperar pasivamente es un error; la táctica correcta consiste en adoptar de inmediato una posición alerta con ambos sables preparados a los lados cuando un adversario avanza. Debes bloquearlo con un ataque contundente, dominarlo y luego girarte hacia el siguiente oponente que se aproxima para deshacerte de él de un solo golpe.

Cuando parece que tus adversarios están retrocediendo, intenta reunirlos en una sola línea y ataca con fuerza, sin darles un momento de respiro. Simplemente atacar a la multitud no te permitirá avanzar. En cambio, vencerlos uno tras otro a medida que avanzan requiere paciencia y una comprensión aguda de sus ritmos y debilidades.

Si ocasionalmente practicas con un grupo de compañeros y aprendes cómo acorralarlos, podrás dominar a un adversario, diez o incluso veinte, siempre que mantengas la calma en tu espíritu. Este enfoque demanda una práctica constante y reflexión profunda.

LA VENTAJA EN EL DUELO

La superioridad en un enfrentamiento se refiere a la habilidad de alcanzar la victoria empleando el sable largo de acuerdo con los principios de las artes marciales. No es algo que pueda detallarse por escrito; se adquiere mediante la comprensión práctica. La maestría en el uso del sable largo, que desvela la auténtica ciencia de las artes marciales, se transmite de manera oral.

EL GOLPE ÚNICO

Lograr el triunfo de manera segura a través de la exactitud de un único golpe es lo que implica este movimiento. No se puede captar en totalidad sin adquirir hábilmente las destrezas de las artes marciales. Si entrenas meticulosamente este golpe, ganarás maestría en las artes marciales, convirtiéndolo en un medio para alcanzar la victoria a voluntad. Hay que examinarlo detenidamente.

EL ESTADO DE PENETRACIÓN DIRECTA

La esencia de la penetración directa se comunica al recibir la auténtica enseñanza de la escuela de las Dos Espadas. Es fundamental perfeccionar la práctica y ejercitar el cuerpo en este arte militar. Esta transmisión se realiza oralmente.

EPÍLOGO

Este manuscrito recoge una explicación general de las artes de la esgrima de mi escuela, como se mencionó anteriormente. En el ámbito militar, la manera de adquirir habilidades en el manejo del sable largo y lograr la supremacía sobre los demás, comienza con la aplicación de las cinco técnicas tradicionales para aprender, a su vez, las cinco categorías de posturas. Luego, se avanza hacia el dominio del sable largo, alcanzando una completa libertad de movimiento y afinando el espíritu para discernir los ritmos de la vía, logrando de este modo empuñar el sable de manera autónoma. Al controlar el cuerpo y los movimientos de los pies a voluntad, se supera a un oponente tras otro, lo que conduce a la capacidad de distinguir entre lo que es beneficioso y perjudicial en las artes marciales.

A través del estudio y la práctica exhaustiva de cada aspecto de este texto, enfrentándose a diversos adversarios, se va comprendiendo progresivamente los principios fundamentales de esta disciplina. Al mantener estos conocimientos en la mente de manera constante, sin sentir urgencia, absorbiendo sus virtudes siempre que surja la ocasión y aceptando enfrentarse con cualquier tipo de oponente en los duelos, se asimila el corazón y la verdadera esencia de la ciencia marcial. Aunque el camino sea extenso, como un trayecto de 1.600 kilómetros, se avanza un paso a la vez.

Reflexionando detenidamente, asumiendo la responsabilidad que los guerreros tienen de cultivar esta disciplina, elijan con determinación superar al yo del día anterior y triunfar mañana sobre aquellos que son menos hábiles, para después enfrentarse a oponentes que sean incluso más capacitados. Siguiendo las enseñanzas de este manual, deben comprometerse a mantener su mente enfocada, evitando distracciones.

Aunque derroten a numerosos adversarios, cualquier desviación del entrenamiento los alejará de la auténtica senda. Cuando este principio se arraiga finalmente en el espíritu, es que adquirimos la capacidad de vencer a decenas de oponentes por nosotros mismos. Al lograrlo, también adquirimos la perspicacia para comprender los fundamentos de la ciencia militar, tanto a nivel individual como en una escala más amplia, mediante el conocimiento del arte del sable.

Este proceso requiere una reflexión total, con mil días dedicados a la práctica para el entrenamiento y diez mil días adicionales para perfeccionarlo.

Alcaudón en un árbol estéril,
pintura de Musashi Miyamoto.

宮本武蔵座像（熊本県立美術館蔵）

Figura sentada de Musashi Miyamoto.
Durante el periodo Edo.

Musashi Miyamoto mata a un pez tiburón (Yamazame)
en las montañas de Echizen, por Utagawa Kuniyoshi.

Musashi Miyamoto en su apogeo, blandiendo dos
bokken; xilografía de Utagawa Kuniyoshi.

Estatua de la batalla entre Musashi y Kojiro.

Musashi Miyamoto, autorretrato,
alrededor de 1640.

Monumento "Seishin Chokudo" dedicado a Musashi Miyamoto, situado en Kokura. Estos caracteres fueron grabados por Musashi con su bokken.

Hombre sosteniendo una lupa para ver mejor al samurái
Musashi Miyamoto. Xilografía de Ichiyusai Kuniyoshi.

Musashi Miyamoto en las costas de la isla Ganryū.

Sasaki Kojiro esperando el ataque..

Musashi Miyamoto.
Xilografía de Utagawa Kuniyoshi, 1852.

Musashi Miyamoto acuchillando a un Tengu.
Xilografía de Tsukioka Yoshitoshi.

Musashi Miyamoto sale de la casa de baños. Shirakura Gengoemon y sus seguidores, pretendían hervirlo vivo allí. Xilografía de Utagawa Kuniyoshi.

Musashi Miyamoto suspendido sobre un abismo en un primitivo teleférico, levanta su espada para golpear a un enorme murciélago. Xilografía de Utagawa Kuniyoshi.

Detalle del Tríptico que muestra a Shirakura
Dengoemon y sus secuaces luchando contra

el legendario espadachín Musashi Miyamoto.
Xilografía de Ichiyusai Kuniyoshi.

Musashi Miyamoto, de la serie "Vidas de personajes notables famosos por su lealtad y virtud". Xilografía de Utagawa Kuniyoshi.

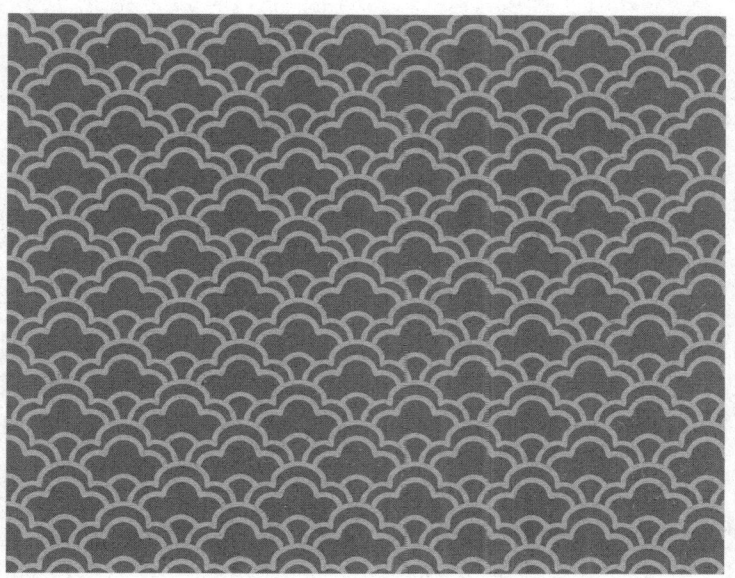

El Manuscrito del Fuego

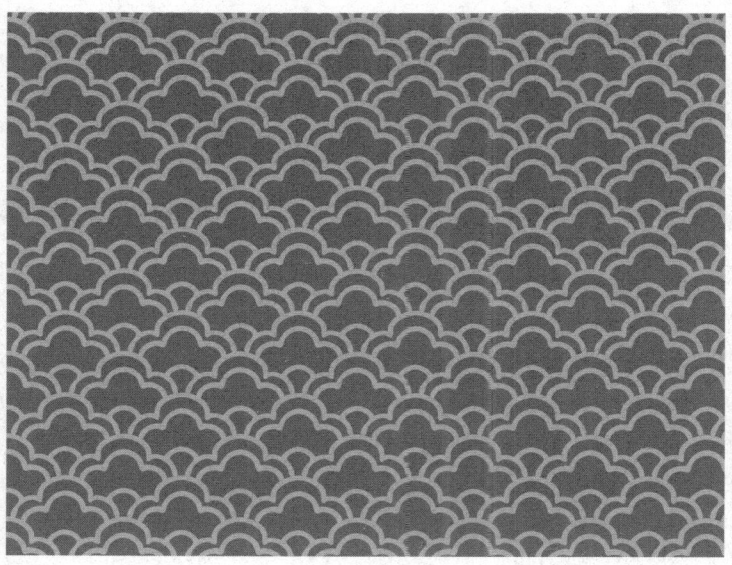

En la ciencia militar de la escuela de los Dos Sables, se concibe el combate como un fuego. Las cuestiones relacionadas con la victoria y la derrota en la batalla se consideran como parte integral del Manuscrito del Fuego y, por ende, se registran aquí. Inicialmente, las personas abordan los principios ventajosos en las artes marciales con una mentalidad estrecha. Algunos comprenden cómo aprovechar un ligero toque en el pecho utilizando las yemas de los dedos, mientras que otros conocen la manera de ganar aprovechando un abanico, mediante un movimiento oportuno y preciso del antebrazo. Al emplear un sable de bambú o un objeto similar, parecen adquirir la ventaja de la velocidad, adiestrando sus manos y pies de esta manera y enfocándose en intentar aprovechar un poco más de rapidez.

En lo que respecta a mi pericia militar, he discernido los principios de la vida y la muerte a lo largo de numerosos duelos en los que he arriesgado mi vida. He aprendido la ciencia del sable, llegando a comprender la fuerza y la debilidad de los golpes del adversario, asimilando las diversas aplicaciones del filo y el envés del sable, y practicando métodos para neutralizar a los oponentes. Durante esta experiencia, nunca he experimentado percances triviales. Especialmente en pleno combate con armadura, no se presta atención a los detalles más pequeños.

El núcleo de mi ciencia militar reside en enfrentar duelos de vida o muerte, de manera individual, a cinco o diez personas y descubrir una estrategia segura para vencerlas. Entonces, ¿cuál es la distinción entre la mentalidad de alguien que triunfa sobre diez individuos y la de mil personas que prevalecen sobre cien mil? Este aspecto requiere una seria reflexión.

No obstante, resulta impracticable reunir diariamente a mil o diez mil personas con el propósito de practicar y perfeccionar esta disciplina. Aun cuando nos ejercitemos solos con un sable, debemos desentrañar el conocimiento y las tácticas de todos los adversarios, comprender sus puntos fuertes y débiles, descubrir cómo vencer a cada uno mediante la comprensión y la naturaleza de la ciencia militar. Así, nos transformaremos poco a poco en maestros de esta senda.

¿Quién en el mundo podría alcanzar la comprensión total y la inmersión directa de mi ciencia militar? A través de un entrenamiento continuo y la perfección constante de las habilidades, uno adquiere una libertad excepcional. Tras alcanzar la perfección, se experimentan maravillas y se adquieren facultades asombrosas de progreso. De esta manera, la ley cósmica se cumple a través de las artes marciales.

LA POSICIÓN FÍSICA

Al gestionar el orden de la posición física, existe lo que se denomina ubicarse de espaldas al sol. Esto implica adoptar una postura con el sol situado detrás de uno. Si la situación no permite mantener el sol a la espalda, entonces se debe intentar una posición donde lo tengamos a la derecha.

Este principio también es aplicable a los enfrentamientos en espacios cerrados, donde se debe asegurar que la luz esté a la espalda o a la derecha. Es aconsejable verificar que no haya obstrucciones en la retaguardia y que haya un amplio espacio a la izquierda, adoptando una posición de manera que el espacio más estrecho quede a la derecha.

De igual forma, durante la noche, siempre y cuando sea posible visualizar a los oponentes, se debe adoptar una posición con las fuentes de luz a la espalda y las luces a la derecha, tal como se mencionó anteriormente.

Con el fin de "observar al enemigo desde una posición superior", es necesario seleccionar una posición en el terreno que sea ligeramente elevada, en todo caso. En entornos cerrados, otorgamos la máxima importancia a la posición que esté más elevada.

Cuando se trata de enfrentamientos, la estrategia consiste en desplazar a los oponentes hacia la izquierda. Resulta crucial asegurar que los obstáculos queden detrás de ellos y luego forzarlos en esa dirección de cualquier manera posible.

Al lograr que los adversarios retrocedan hacia el obstáculo, atacamos sin descanso para evitar que puedan evaluar la situación. Este principio de no permitir que los oponentes evalúen la situación se aplica igualmente en espacios cerrados, cuando los estamos desplazando hacia pórticos, columnas, puertas, puertas corredizas, barandas, pilares u otros obstáculos.

En cualquier circunstancia, la dirección en la que acorralamos a los adversarios debe ser hacia lugares con un apoyo deficiente o donde exista algún obstáculo a uno de los lados. Utilizamos, entonces, todas las ventajas disponibles en el terreno, concentrándonos en aprovechar al máximo la situación. Este enfoque no solo demanda reflexión, también una práctica cuidadosa y completa.

Tres maneras de tomar la iniciativa

Cuando hablamos de tomar la iniciativa, esta se puede manifestar en tres modalidades. Una implica avanzar y atacar al oponente por iniciativa propia, siendo esto conocido como *avanzar desde el estado de suspensión*. Otra consiste en adelantarse al adversario que está atacando, y se denomina *avanzar desde el estado de espera*. La tercera surge cuando tanto el oponente como nosotros atacamos simultáneamente, y este movimiento se identifica como *avanzar en un estado de confrontación recíproca*.

Estas representan las tres facetas en las que se puede tomar la iniciativa. Al comienzo de cualquier enfrentamiento, estas tres modalidades son las únicas posibilidades disponibles. Dado que el objetivo es alcanzar rápidamente la victoria mediante la iniciativa, este concepto se erige como algo esencial en las artes marciales.

Aunque existen múltiples matices relacionados con la toma de iniciativa, no se pueden abordar exhaustivamente, ya que se trata de asignar prioridad al modelo de cada situación específica, interpretar las intenciones de los oponentes y emplear el conocimiento de las artes marciales para alcanzar la victoria.

1) La primera modalidad es la toma de la iniciativa a partir del estado de suspensión. Cuando

deseamos lanzar un ataque, permanecemos serenos
y tranquilos, para luego abalanzarnos sobre nuestro
adversario de manera repentina y veloz. La iniciativa puede ser tomada siendo externamente fuertes y
rápidos, mientras se mantiene una reserva interna.
También se puede optar por dar un salto, elevando
al máximo el espíritu, acelerando el paso ligeramente y ejecutando un ataque contundente en el
momento preciso en el que nos aproximamos al oponente. Ganar puede significar dejar que la mente
divague, con la firme intención de lanzarse al ataque desde el principio hasta el final, asegurando la
victoria mediante la fuerza resuelta del corazón. Todos estos ejemplos representan maneras de tomar la
iniciativa a partir del estado de suspensión.

2) La segunda estrategia implica tomar la iniciativa desde una posición de espera. Cuando el adversario se aproxima, evitamos reaccionar y mostramos
aparente vulnerabilidad. Entonces, cuando el adversario está próximo, ejecutamos un salto poderoso,
casi como si estuviéramos a punto de elevarnos en
el aire. Luego, cuando observamos que el adversario
ejecuta su golpe, pasamos inmediatamente a la ofensiva. Este método constituye una forma de asumir la
iniciativa. De la misma manera, cuando el adversario ataca y nosotros contrarrestamos con energía el
asalto, en el preciso momento en que percibimos un

sutil cambio en el ritmo del ataque del adversario, tenemos la oportunidad de obtener la victoria al actuar desde una posición de espera.

3) La tercera opción consiste en la toma de control en un estado de confrontación recíproco. En el caso de que el adversario realice un ataque veloz, nuestra respuesta será serena pero contundente. Cuando el oponente se aproxima, debemos mantener nuestra postura con resolución absoluta y, al percibir cualquier indicio de debilidad en él, lanzamos entonces un ataque vigoroso de inmediato. Posteriormente, si el adversario opta por atacar de manera sosegada, aceleramos nuestra propia ofensiva ligeramente, manteniendo nuestro cuerpo en un estado de relajación muy sutil. Cuando el adversario se aproxime, le golpearemos de manera repentina y, de acuerdo con su situación, atacaremos con la fuerza necesaria para vencerle. Esta táctica representa la toma de control en un estado de confrontación mutua.

La descripción detallada de estos movimientos resulta complicada y tediosa. Se requiere abordarlos de manera general, según se han presentado aquí. Estas tres modalidades de tomar la iniciativa están condicionadas por el tiempo y la lógica de la situación. Aunque no siempre nos corresponde llevar a cabo el ataque, en situaciones equitativas, es imperativo asumir constantemente la iniciativa y colocar al adversario en una posición defensiva.

En todo caso, la noción de avanzar radica en lograr una victoria segura mediante el poder del conocimiento de las artes marciales. Este conocimiento debe ser cultivado y perfeccionado meticulosamente.

SOSTENER LA ALMOHADA

"Sostener la almohada" implica impedir que alguien eleve la cabeza. En las disciplinas marciales, durante un enfrentamiento, resulta perjudicial ser dirigido por otros. Siempre es preferible manejar a los oponentes con flexibilidad, utilizando cualquier medio disponible.

No obstante, los contrincantes están albergando la misma intención, y tú también posees este propósito, pero es inviable triunfar en esto sin comprender las acciones de los demás. Las artes marciales abarcan desde detener los golpes de un oponente hasta bloquear sus ataques y desbaratar sus movimientos. "Sostener la almohada", por lo tanto, supone que cuando verdaderamente has alcanzado el dominio de esta disciplina y estás enfrentándote a un adversario, serás capaz de prever sus intentos de movimiento antes de que estos se materialicen.

Detener el ataque de un oponente desde el inicio, impidiéndole continuar hasta el final, es la esencia de "sostener la almohada". Como ejemplo, obstruyes el avance del adversario desde la letra /a/, frenas su salto desde la /s/, y cortas su movimiento desde la /c/. Todos estos ejemplos ilustran la misma noción.

Cuando los adversarios busquen atacarte, permíteles continuar mientras ejecutas algo inusual, al mismo tiempo que les impides realizar algún movimiento beneficioso. Este enfoque es esencial en la estrategia militar. En este punto, si intentas reprimir a los adversarios, ya estás rezagado. La clave es realizar técnicamente cualquier acción, minando en su raíz el impulso inicial del oponente.

Manipular a los adversarios de esta manera es dominar propiamente el arte de la guerra, algo que solo se logra mediante la práctica. Llevar a cabo la técnica de "sostener la almohada" demanda una atención muy meticulosa.

Atravesar un brazo de mar

En la travesía por el vasto océano, se encuentran regiones conocidas como estrechos, pero también existen extensiones de veinte o treinta kilómetros de ancho denominadas brazos de mar. En el transcurso de la vida humana, se presentan numerosas situaciones que podrían asemejarse a cruzar un brazo de mar.

En las rutas marítimas, al tener conocimiento de la ubicación de estos brazos de mar, al estar al tanto del estado de las embarcaciones y de las condiciones meteorológicas, e incluso al navegar sin compañía, uno se adapta a las circunstancias meteorológicas, aprovechando en ocasiones los vientos e incluso logrando venturas favorables. Con la conciencia de que, si el viento cambia, se puede llegar al puerto remando, se asume el control de la nave y se atraviesa el brazo de mar.

Adoptando esta mentalidad, al recorrer el mundo de los seres humanos, es necesario experimentar la sensación de atravesar un brazo de mar en momentos de emergencia. En las artes marciales, en pleno fragor de la batalla, "atravesar el brazo de mar" también resulta fundamental. Sintiendo la condición de los adversarios y siendo conscientes de la propia maestría, se cruza el brazo de mar aplicando principios apropiados, al igual que un experimentado capitán es capaz de surcar la ruta marítima.

Después de haber atravesado el brazo de mar, se experimenta una sensación de paz interior. Para llevar a cabo exitosamente el acto de "atravesar un brazo de

mar", se coloca al oponente en una posición de vulnerabilidad y se avanza con decisión, logrando así victorias de manera expedita en la mayoría de los casos. Ya
sea en la ciencia militar a gran escala o en las artes marciales individuales, el concepto de atravesar un brazo
de mar se revela como esencial y debe ser apreciado en
su profundidad.

Conocer el estado de las cosas

En la estrategia militar a gran escala, la comprensión
del panorama general, o conocer el estado de las cosas,
implica discernir el ascenso y la decadencia de los oponentes, identificando las intenciones de las fuerzas enemigas y percibiendo su situación. De manera clara, se
expone la situación, se decide cómo desplegar las propias tropas y, de este modo, cómo asegurar una victoria
segura mediante los principios de la ciencia militar. La
batalla se libra con el conocimiento anticipado de los
acontecimientos venideros.

En el ámbito de las artes marciales individuales,
también se determinan las tradiciones del adversario,
se observa su carácter personal, se averiguan las fortalezas y debilidades de las personas, se maniobra contra
las expectativas del enemigo, se identifican los momentos culminantes y los bajos, se asegura el control de los

ritmos entre ellos y se ejecuta el primer movimiento. Esto resulta esencial.

Cuando poseemos un agudo poder de intuición, el panorama se hace más que evidente. Al alcanzar una maestría plena e independiente en las artes marciales, adquirimos la capacidad de anticipar el espíritu de nuestros adversarios y, de este modo, descubrimos diversas formas de obtener la victoria. Este logro demanda dedicación y esfuerzo continuo.

DETENER UN SABLE

Detener la embestida de un sable constituye una táctica exclusiva de las artes marciales. En el ámbito de la estrategia militar a gran escala, inclusive frente a arcos y armas de fuego, cuando los adversarios desatan todo su poderío, tras la primera descarga y mientras renuevan sus municiones, resulta complicado lanzar nuestro propio ataque si estamos a mitad de colocar la flecha en el arco o recargando el arma de fuego. La premisa reside en contrarrestar con celeridad mientras el enemigo se esfuerza por disparar.

La esencia de esta acción radica en que, al contraatacar con rapidez, se dificulta el uso de flechas o la ejecución de disparos por parte del adversario. La idea central consiste en detectar de inmediato los patrones de comportamiento cuando los oponentes emplean arcos o armas de fuego, asegurando la victoria al bloquear cualquier táctica que intenten utilizar.

De manera análoga, en el ámbito de las artes marciales individuales, si ejecutamos un golpe al inicio del asalto con el sable del adversario, la contienda se convierte en un caos, es decir, un desordenado intercambio de golpes que no conduce a ningún resultado. Frente al embate del sable enemigo, superamos el ataque bloqueando hacia abajo con el pie el sable del adversario, impidiendo así cualquier intento de segundo golpe.

El bloqueo no se limita únicamente a los movimientos de los pies; también es necesario que aprendamos a *bloquear* con el cuerpo, *bloquear* con la mente y, por supuesto, *bloquear* con el propio sable, de manera que se frustren los intentos del adversario por realizar un segundo movimiento.

Esto implica tomar la iniciativa en todo momento. No se trata de golpear al azar al oponente con la intención de concluir el combate abruptamente; más bien, implica continuar de inmediato sin ceder. Este concepto merece una investigación profunda.

Conocer la desintegración

La descomposición es un fenómeno inherente a todas las cosas. Ya sea que se desplome un caballo, una persona o un adversario, todos sucumben al desmoronamiento marcado por la cadencia del tiempo.

En la estrategia militar a gran escala, resulta imperativo identificar el compás en el que los adversarios se desintegran y perseguirlos sin dejar resquicio alguno. Descuidar la oportunidad de atacar en los momentos de vulnerabilidad conlleva la pérdida de la posibilidad de contraatacar.

En el ámbito de las artes marciales individuales, también es común que un oponente pierda su ritmo en el fragor del combate y comience a desmoronarse. Dejar pasar esta oportunidad implica que el adversario se recupere y obstaculice nuestro intento. Es esencial intensificar el ataque de manera decidida en cualquier instancia en que el oponente ceda terreno, impidiéndole cualquier posibilidad de recuperación.

La persecución demanda tanto poder como contundencia; la clave radica en golpear con contundencia y de manera tan enérgica que el adversario carezca de posibilidad alguna de recuperación. La ejecución de este tipo de golpes requiere un análisis minucioso, ya que la omisión de este proceso genera una sensación de negligencia. Este aspecto demanda un esfuerzo continuado y meticuloso.

CONVERTIRSE EN EL ADVERSARIO

Adoptar la perspectiva del adversario que sería lo mismo a convertirse en el adversario, implica colocarse en la posición de este y contemplar la situación desde su punto de vista. Desde mi punto de vista, un ladrón que penetra en una residencia puede ser percibido como un adversario formidable, aunque desde otro ángulo, toda la comunidad se opone a él. Se encuentra acorralado en una situación desesperada; el faisán acorralado y el halcón que se lanza al combate. Este escenario demanda una reflexión profunda.

En la estrategia militar a gran escala, se reconoce a los adversarios como fuerzas poderosas que requieren precaución. Sin embargo, cuando se cuenta con fuerzas hábiles, se comprenden a fondo los principios de las artes marciales y se intuye la estrategia para vencer al enemigo, las preocupaciones se disipan.

En las artes marciales individuales, es igualmente esencial adoptar la perspectiva del adversario. En el encuentro con un oponente, si pensamos "este individuo es un maestro de la disciplina, es más versado en las artes marciales y hábil en su práctica", fácilmente podemos percibirnos o creernos en desventaja[4]. Este concepto merece una reflexión profunda.

ABANDONAR LAS CUATRO MANOS

Cuando la lucha entre nosotros y el adversario se estanca y no se percibe avance alguno, surge la necesidad de abandonar las cuatro manos. Esta situación se manifiesta cuando vislumbramos un empate inminente, instante en el cual debemos detener esta posibilidad de inmediato, de la forma que sea necesaria, y asegurar la victoria mediante un cambio estratégico.

En la estrategia militar a gran escala, si el estancamiento persiste y no se registra ningún avance, la pérdida de personal se vuelve inevitable. Es imperativo detener este estancamiento con la mayor rapidez posible y lograr la victoria aprovechando una táctica que tome desprevenido al enemigo.

En el ámbito de las artes marciales individuales, cuando se percibe que la situación se encamina hacia

---

4 Musashi habla de sus discípulos como si fueran ya maestros de las artes marciales, en un intento de inspirarles confianza a través de hacerlos conscientes de la superioridad psicológica que se puede alcanzar sobre el adversario.

un empate, es crucial alterar de inmediato el enfoque, evaluar la situación del adversario y determinar la estrategia para la victoria mediante un enfoque táctico completamente distinto.

MOVER LAS SOMBRAS

Cuando el pensamiento del adversario se vuelve indescifrable, recurrimos a mover las sombras. En el ámbito de la estrategia militar a gran escala, si la situación del enemigo resulta incomprensible, simulamos un asalto potente para observar de qué manera reacciona. Tras familiarizarnos con los métodos del adversario, se facilita la consecución de la victoria mediante tácticas adaptables a cada situación específica.

En las artes marciales individuales, cuando el oponente oculta su sable detrás o a un costado, y se prepara para un golpe repentino, revela sus intenciones a través de su arma. Una vez que estas intenciones son perceptibles, adquirimos instantáneamente la ventaja y somos capaces de comprender cómo asegurarnos la victoria con certeza. La falta de atención en este aspecto puede llevarnos a perder el ritmo. Este fenómeno debe ser examinado con profundidad.

DETENER LAS SOMBRAS

Detener las sombras se manifiesta cuando las intenciones agresivas de los enemigos hacia nosotros resultan más que evidentes. En la estrategia militar a gran escala, esto implica poner fin a la acción del enemigo justo en el instante de su impulso inicial. Al demostrar con fuerza a los adversarios cómo controlamos la ventaja, se genera un cambio en su intención, cohibidos por esa exhibición de poder. Por lo tanto, nuestra actitud también experimenta un cambio hacia una mente más despejada y tranquila; gracias a esto, tomamos la iniciativa y nos aseguramos la victoria.

Asimismo, en las artes marciales individuales, empleamos un ritmo ventajoso para frenar la firme determinación que motiva al adversario; luego identificamos la oportunidad para ganar en el momento de la pausa, tomando así la iniciativa. Este aspecto debe ser abordado con profundidad.

CONTAGIO

El fenómeno del contagio se manifiesta en diversos aspectos de la vida. Incluso el sueño y el bostezo pueden propagarse como una influencia contagiosa, al igual que la esencia de una época puede ser transmitida de un individuo a otro.

En la estrategia militar a gran escala, cuando los adversarios exhiben excitación y una evidente prisa por actuar, es cuando nosotros, entonces, adoptamos una actitud aparentemente somnolienta, presentando una imagen de completa relajación y tranquilidad. Al hacer esto, logramos que los propios adversarios se vean afectados por este estado de ánimo, perdiendo así su entusiasmo. Cuando percibimos que los adversarios han sido contagiados por este ánimo, debemos rápidamente vaciar nuestra propia mente y actuar de manera firme y veloz, obteniendo la ventaja que conduce a la victoria.

De igual modo, en las artes marciales individuales, resulta esencial mantener la relajación tanto en el cuerpo como en el espíritu, estar atento al momento en que el adversario baja la guardia y tomar de inmediato la iniciativa para ganar.

Además, existe un fenómeno denominado "embriagar", que guarda similitud con el contagio. Un estado de ánimo embriagador puede ser el aburrimiento, la inquietud o la pusilanimidad. Este aspecto requiere un análisis profundo y un trabajo continuado.

LA PERTURBACIÓN

La perturbación se manifiesta en diversas situaciones. Una de sus manifestaciones es el sentirse sometido a una presión aguda. Otra, surge a partir de la percepción de una fuerza irracional. Una tercera se presenta cuando nos sorprende lo inesperado.

En la estrategia militar a gran escala, resulta crucial inducir, generar y provocar este estado de perturbación en el enemigo. Es esencial lanzar ataques resueltos mientras sus mentes se encuentran perturbadas, aprovechando este estado para tomar la iniciativa y asegurar la victoria.

De igual manera, en las artes marciales individuales, se adopta inicialmente una postura relajada para luego atacar de manera repentina y contundente. Cuando el espíritu del adversario se ve desequilibrado, resulta esencial observar sus movimientos, impidiéndole relajarse en ningún momento. Debes estar atento a percibir la ventaja instantánea y discernir de inmediato cómo alcanzar la victoria en ese momento. Este aspecto requiere una investigación diligente.

LA AMENAZA

El miedo es una emoción que permea todas las experiencias y consiste en sentirse intimidado por lo inesperado y lo desconocido.

Incluso en la estrategia militar a gran escala, intimidar a un adversario no es algo que se lleve a cabo de manera evidente. Podemos instigar el temor a través del sonido, hacer que lo pequeño parezca grande y ejecutar un movimiento sorpresivo de costado. Estas son situaciones que pueden generar miedo. Si logramos captar el momento del miedo, podemos aprovecharlo para alcanzar la victoria.

Asimismo, en las artes marciales individuales, tenemos la capacidad de infundir temor mediante nuestro propio cuerpo, nuestro sable y nuestra voz. Lo fundamental es realizar de manera repentina un movimiento totalmente inesperado para el adversario, que le sorprenda, y aprovechar la ventaja del temor generado para asegurar la victoria en ese mismo momento y lugar. Este aspecto requiere una atención meticulosa y un trabajo continuado.

AFERRARSE CON FIRMEZA

Aferrarse con firmeza implica que, durante un enfrentamiento cercano, tanto nosotros como nuestro adversario, aplicamos una considerable fuerza el uno contra el otro. Si percibimos que el combate no se desarrolla a nuestro favor, entonces nos sujetaremos con fuerza al adversario. La esencia crucial de esta táctica radica en aprovechar la oportunidad para ganar incluso cuando estamos luchando hombro a hombro.

Tanto en la estrategia militar a pequeña como a gran escala, cuando nosotros y los adversarios nos encontramos en un enfrentamiento directo y no está claro quién será el vencedor, nos aferramos con firmeza a ellos de inmediato. Esta acción impide que podamos ser separados, y durante este proceso, seremos capaces de identificar qué tenemos a nuestro favor, cuál es nuestra ventaja; determinamos cómo obtener la victoria rápidamente; esto constituye la quintaesencia de la técnica. Este aspecto demanda un estudio diligente.

Atacar los flancos

Atacar los flancos quiere decir que cuando aplicamos fuerza contra algo robusto, rara vez cede de inmediato, ni siquiera por las buenas.

En la estrategia militar a gran escala, dirigimos la atención hacia las tropas enemigas y, una vez que han avanzado, atacamos entonces el costado de su frente más resistente para así obtener cierta ventaja. Una vez que ese flanco colapsa, se genera un sentimiento general de desmoronamiento y desánimo. Incluso en el instante en que se están desmoronando, es crucial percatarse de cuándo cada flanco está listo para avanzar, e intuir cuándo vencerlo.

Asimismo, en las artes marciales individuales, al causar dolor en una parte específica del cuerpo cada vez que el adversario realiza un movimiento agresivo, su cuerpo se debilita gradualmente hasta que está listo para desmoronarse, facilitando su derrota. Estudiar detenidamente este proceso es esencial para descubrir por qué flanco podremos obtener la victoria.

ATURDIR Y DESORIENTAR

Aturdir y desorientar a los adversarios implica actuar de una manera que les genere estrés y les dificulte mantener la calma mental.

En la estrategia militar a gran escala, esto implica anticipar el estado mental de nuestros enemigos y emplear la destreza de nuestro conocimiento en el arte de la guerra para influenciar su atención, generando pensamientos confusos sobre nuestras intenciones. Se trata de encontrar un ritmo que desconcierte a los enemigos, identificando con precisión dónde podemos obtener la victoria.

De igual modo, en las artes marciales individuales, podemos ensayar diversas maniobras según la oportunidad del momento, dando la impresión al adversario de que vamos a realizar una acción en un instante, luego otra, y posteriormente algo diferente, hasta percibir que el adversario comienza a sentirse desorientado, permitiendo así que alcancemos la victoria en el momento que decidamos. Esta constituye la esencia de la batalla; es un aspecto que requiere un estudio minucioso.

LOS TRES GRITOS

Los tres clamores o gritos, se identifican como el vocerío inicial, el vocerío intermedio y el vocerío final. La esencia crucial está en emitirlos según la situación. Dado que un grito posee poder, lo proferimos en situaciones de emergencia, incendios y tormentas; la voz es algo que exhibe fuerza y energía. En la estrategia militar a gran escala, al inicio de la batalla, el clamor debe ser lo más potente posible; en el transcurso de la batalla, el grito debe resonar con un tono grave y surgir desde las profundidades, mientras que, tras la victoria, el vocerío debe ser alto y robusto. Estas conforman las tres variantes del grito.

En las artes marciales individuales, se simula y vocifera para inducir al adversario a la acción, seguido de un golpe tras el clamor. También se profiere un grito después de derribar al oponente, con un vocerío que celebra la victoria. Estos se conocen como el grito anterior y el posterior. Jamás se emite un grito en el mismo instante en que se esgrime el sable. Durante la batalla, al proferir un grito, se utiliza el sonido para acelerar el ritmo, vocalizando siempre en un tono grave.

MEZCLARSE

En el contexto de un enfrentamiento a gran escala, entrelazarse o mezclarse significa que, cuando dos grupos se sitúan frente a frente y los adversarios son formidables, atacamos uno de los flancos del enemigo, como si nos volviéramos una amalgama con ellos. Luego, cuando observamos que los adversarios se desmoronan, abandonamos el flanco y volvemos a atacar en su punto fuerte. En resumen, la estrategia consiste en asaltar como un viento en zigzag.

Este principio es igualmente esencial en el ámbito de las artes marciales individuales, especialmente cuando nos enfrentamos en solitario a un grupo de adversarios. Tras derrotar a uno o hacerlo huir, seleccionamos a otro que sea fuerte, sintonizándonos con el ritmo del adversario, realizando un zigzag de izquierda a derecha con la cadencia adecuada y evaluando la situación del enemigo para asegurar un ataque eficaz.

Cuando hemos localizado las formaciones enemigas y nos disponemos a lanzarnos sobre ellas, el principio clave es lograr la victoria con pleno vigor, sin reservas. Este estado de ánimo también se aplica al acercarse a un adversario poderoso en un combate individual.

La esencia de entrelazarse o mezclarse, radica en sumergirse directamente en medio del adversario sin titubear en nuestros pasos; es decir, con plena confianza. Este concepto debe ser discernido con atención.

APLASTAR

Exigir aplastar implica un estado interno que nos impulsa el deseo de aplastar, donde se visualiza al adversario como débil para fortalecernos y lograr vencerlo.

En el ámbito militar a gran escala, esto implica observar por encima de un enemigo con un número reducido, o incluso si son numerosos, concentrar vuestra fuerza en aplastarlos cuando se encuentren desmoralizados y debilitados, logrando, así, neutralizarlos.

Si el aplastamiento resulta débil, es una acción que puede volverse en nuestra contra, por lo que es crucial discernir cuidadosamente si tenemos el control total de nuestro estado mental al momento de aplastar.

De igual manera, en el contexto de las artes marciales individuales, cuando nuestro adversario carece de la misma capacidad que nosotros, ya sea que su ritmo disminuya o que comience a retroceder, es esencial impedirle recuperar el aliento y las fuerzas. Debemos neutralizarlo sin darle siquiera el tiempo de parpadear. La prioridad máxima es evitar que se recupere.

Este concepto debe ser examinado minuciosamente.

La montaña y el mar

"La montaña y el mar" viene a advertir sobre las tácticas repetitivas, sugiriendo que persistir en la misma estrategia una y otra vez es desfavorable. Aunque en ocasiones puede ser necesario repetir ciertas acciones, evitar hacerlo de manera constante es esencial.

Cuando implementamos una táctica contra un adversario y no logramos el éxito en el primer intento, no hay ningún beneficio en apresurarse a repetir dicha táctica. Por lo tanto, es recomendable que cambiemos abruptamente nuestras tácticas, adoptando enfoques completamente distintos. Si incluso esto no nos resulta efectivo, exploraremos entonces nuevas alternativas.

Así, la maestría en las artes marciales requiere la adaptabilidad del espíritu, actuando como el mar frente a un enemigo que representa una montaña, y adoptando la fortaleza de una montaña cuando el enemigo es como el mar. Este principio demanda una reflexión profunda.

LA DESMORALIZACIÓN

Cuando te enfrentes a un adversario y estés ganando gracias a tu destreza en este arte, es posible que tu oponente aún mantenga ciertas ilusiones, incluso cuando parece derrotado externamente; en su interior, se resiste a aceptar la derrota. En tales casos, es necesario que lo desmoralices.

La desmoralización implica cambiar tu actitud de manera repentina para evitar que el enemigo mantenga esas ilusiones o esperanzas de hacerse con la victoria. La clave está en percibir que tus adversarios se sienten derrotados muy en el fondo de sus corazones.

Puedes desmoralizar a la gente mediante armas, tu presencia física o incluso tu espíritu. Este concepto no debe entenderse de manera unidimensional.

Cuando tus enemigos están completamente desmoralizados, es momento de dejar de prestarles atención. Sin embargo, mantente alerta mientras conserven ambiciones; la desmoralización es difícil de alcanzar mientras los enemigos aún tengan metas.

Tanto en las artes marciales a gran escala como en las individuales, la técnica de desmoralización debe ser explorada y perfeccionada en profundidad.

Renovarse

Cuando te encuentres en un combate contra los enemigos y sientas que estás estancado o incapaz de avanzar, es momento de abandonar el estado de ánimo actual y considerar en tu corazón que estás iniciando algo completamente nuevo. Al encontrar el ritmo, conocerás la forma de obtener la victoria. Este proceso se conoce como "renovarse".

Cada vez que percibas un aumento en la tensión y fricción en tus interacciones con los demás, cambiar tu estado de ánimo en ese mismo instante te brindará una ventaja mediante una diferencia radical. Nuevamente, esto es "renovarse".

En la ciencia militar a gran escala, comprender la táctica de renovarse es esencial y surge de repente a través del poder del conocimiento en las artes marciales. Reflexiona cuidadosamente sobre este principio.

Pequeño y grande

Cuando te encuentres combatiendo contra enemigos y experimentes la sensación de estancamiento en maniobras nimias o de poca importancia, recuerda esta ley de la ciencia militar: cuando te encuentres inmerso en asuntos insignificantes, cambia repentinamente a una perspectiva mucho más amplia.

La capacidad de cambiar entre lo grande y lo pequeño forma parte intencionada de la ciencia del arte de la guerra. Es crucial para los guerreros lograr esto incluso en la conciencia cotidiana de la vida humana. Esta mentalidad constituye un aspecto fundamental de la ciencia militar, ya sea a gran o pequeña escala.

Es fundamental prestar una consideración atenta a este principio.

EL GENERAL CONOCE A SUS SOLDADOS

"Conocer a sus soldados" es un enfoque empleado siempre en momentos de conflicto, justamente después de haber alcanzado la maestría deseada. Tras adquirir un gran dominio en el conocimiento de las artes de la guerra, consideraremos a los adversarios como si fueran nuestros propios soldados, entendiendo que debemos dirigirlos conforme a nuestra voluntad y manipularlos con total libertad. Somos, por lo tanto, el general, y los adversarios representan las tropas. Este proceso requiere dedicación.

Musashi Miyamoto luchando con un ermitaño de la montaña que se ha convertido en un monstruo. Xilografía de Utagawa Kuniyoshi.

El actor Mimasu Baisha I como
Shirakura Dengozaemon.

El actor Arashi Rikaku II como Musashi Miyamoto,
en la obra Ganryujima.

Inukai Genpachi e Inuzuka Kiba.
Grabado de Utagawa Kunisada I

Musashi Miyamoto mata a un murciélago monstruoso
en las montañas de la provincia de Tambo.
Xilografía de Utagawa Kuniyoshi.

Musashi Miyamoto con sus bokken.
Xilografía de Utagawa Kunisada.

Musashi Miyamoto, de la serie "Cinco hombres heroicos". Xilografía de Utagawa Hiroshige.

 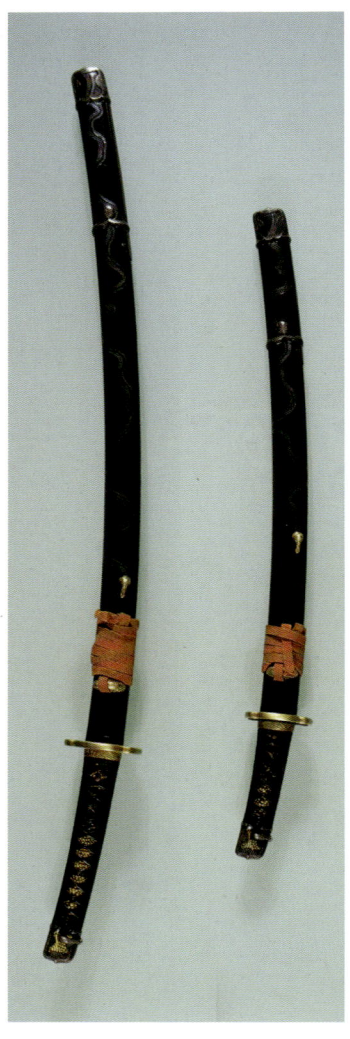

Las espadas que eran el símbolo del samurái, mostrando las fundas tradicionales (koshirae) y la diferencia de tamaño entre la *katana* y el *wakizashi* más pequeño.

宮本武蔵ハ肥後の
國の人なを
其後豊
前に来て
奉仕と
又諸國を
めぐりて
劍術を練
行ひ　佐々木
岸柳と互合の
勝負を決して
終ニ岸柳を討果を
まことに名誉の人と

Musashi Miyamoto, de la serie "Biografías
de los espadachines de nuestro país".
Xilografía de Utagawa Kuniyoshi.

Musashi Miyamoto y el granjero Shichisuke.

Sasaki Ganryû. Xilografía de Shunkosai Hokushu.

Arashi Rikaku II como Musashi Miyamoto.
Xilografía de Utagawa Kuniyoshi.

Musashi Miyamoto.
Xilografía de Kinoshita Hironobu I.

"Kabuki Za Ichi Gatsu Kogyo" (Representación en el teatro Kabuki-za en enero). El maestro espadachín Musashi Miyamoto (interpretado por Ichikawa Yaozo)

y una fantasmal dama de la corte (Onoe Kikugoro).
Xilografía de Utagawa Kunisada III.

Musashi Miyamoto somete a una manada de lobos en las montañas de Hakone, haciendo gala de su maravillosa habilidad divina. Xilografía de Utagawa Kuniyoshi.

Soltar la empuñadura

"Soltar la empuñadura" es un concepto que abarca múltiples significados. Implica obtener la victoria prescindiendo del sable, pero también conlleva la posibilidad de fracasar sin el sable. Estas connotaciones diversas no pueden ser expresadas plenamente con palabras, pero incitan a una práctica y entrenamiento profundos.

Ser como un muro de piedra

"Adoptar la solidez de una muralla de piedra" quiere decir que un maestro de las artes marciales se transforma de manera abrupta en un obstáculo impenetrable, completamente inamovible e inaccesible a cualquier cosa. Este concepto se comunica de forma oral.

Epílogo

Lo expresado hasta ahora está compuesto, en su totalidad, por ideas que surgen constantemente en mi mente a lo largo de la práctica del arte de la esgrima de mi escuela. Al escribir estos principios por primera vez, se presentan de manera algo entrelazada y sin un orden aparente, dificultando su definición detallada. A pesar de esto, pueden servir como pautas para todos aquellos que deseen adentrarse en esta disciplina.

Desde mi juventud, me he enfocado en las artes marciales y he ido perfeccionando mis manos y mi cuerpo para alcanzar la maestría en la esgrima, también he experimentado diversos estados de ánimo. Al investigar sobre otras escuelas, observo que algunas son muy elocuentes y se valen de palabras grandilocuentes, mientras que otras ejecutan maniobras mucho más hábiles con las manos. Sin embargo, aunque puedan impresionar a la gente de una forma más superficial, carecen de un auténtico corazón y espíritu.

Es cierto que algunas personas pueden estar entrenando tanto el cuerpo como la mente al practicar estas técnicas, pero terminan siendo víctimas crónicas de múltiples desviaciones que pueden surgir en el camino, algunas realmente difíciles de curar. Estas desviaciones son el origen de la decadencia en el camino recto de las artes marciales en el mundo y, al final, conducen al abandono total de la práctica.

Para que el arte de la esgrima sea considerado una ciencia genuina y, para lograr la victoria en la batalla contra los enemigos, estos principios no deben ser alterados de ninguna manera. Cuando adquieras el poder del conocimiento de mi ciencia militar y lo apliques de manera correcta, la victoria será indiscutible.

EL MANUSCRITO DEL VIENTO

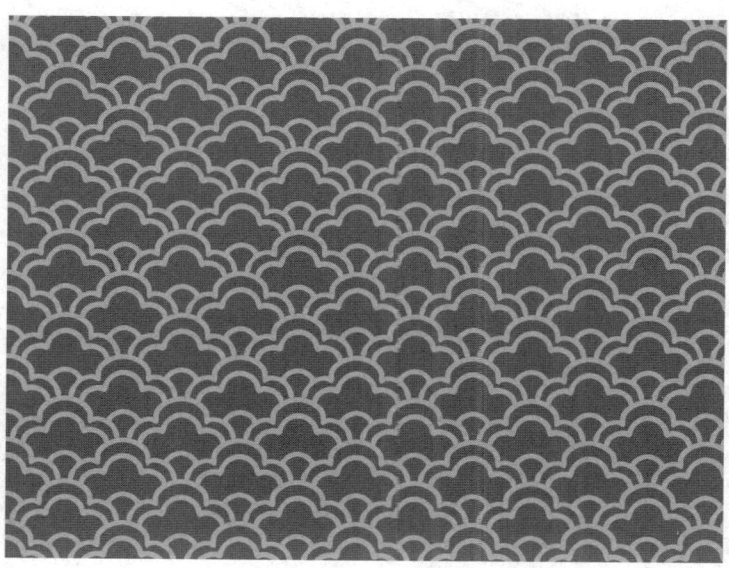

En el mundo de la ciencia militar, es necesario estar informado sobre las diferentes metodologías utilizadas por otras escuelas. En este Manuscrito del Viento, he abordado las prácticas de diversas escuelas de artes marciales. La comprensión de las prácticas de otras escuelas es crucial para que podamos apreciar verdaderamente la esencia de mi propia escuela.

Al explorar otras artes marciales, veo que algunas escuelas se centran en el uso de grandes sables, haciendo hincapié en la potencia de sus movimientos. Otras optan por el empleo de sables pequeños y largos, a los cuales denominan "pequeños sables largos". Asimismo, hay escuelas que se dedican a una variedad de movimientos con el sable largo, etiquetando las posiciones como técnicas convencionales y transmitiendo el conocimiento como una enseñanza interna.

En este manuscrito, expondré que ninguna de estas prácticas representa la verdadera vía, delineando claramente lo que es beneficioso y lo que es perjudicial, lo que es auténtico y lo que es falso. El principio de mi escuela difiere notablemente de las demás. Otras escuelas se convierten en escenarios, decorándose y exhibiéndose para ganarse la vida, comercializando con las artes marciales. Por ende, podrían no estar en la senda auténtica. Además, tiende a pensarse en el arte marcial desde una visión un tanto limitada, como si pudiéramos reducirlo exclusivamente a la esgrima. ¿Consideras que haber aprendido a manejar un sable largo y entrenar nuestro cuerpo y manos es suficiente para alcanzar el conocimiento sobre cómo obtener la victoria? De ninguna manera esta ruta es segura.

He expuesto meticulosamente cada deficiencia de las demás escuelas en este libro. La tarea consiste en examinar con detenimiento y profundizar en los diversos conocimientos para llegar a apreciar las ventajas de mi escuela de los Dos Sables.

Manejo de los sables muy largos en otras escuelas

Existen escuelas que tienen una predilección por utilizar sables de una longitud considerable. Desde la perspectiva de mi arte marcial, las considero como escuelas con ciertas carencias. El motivo de esta consideración se fundamenta en que estas escuelas no disponen del conocimiento necesario para garantizar la victoria de cualquier manera posible. A pesar de que su virtud reside en la longitud del sable, buscan incrementar la longitud de sus sables con la intención de vencer a los adversarios a distancia.

Ese proverbio tan común que sugiere ganar incluso por un centímetro, refleja la falta de comprensión de las artes marciales por parte de quienes lo emplean. Intentar ganar a distancia basándose en la ventaja de la longitud del sable, sin comprender los principios fundamentales de las artes marciales, revela una debilidad total del espíritu. Es por esta razón que percibo este enfoque como intrínsecamente débil.

En ocasiones, al enfrentarse a un adversario con poco espacio, un sable demasiado largo puede convertirse en un obstáculo más que en una ventaja. La libertad de movimiento al blandir el sable hacia atrás y adelante se ve comprometida, convirtiéndolo entonces en un estorbo. En este escenario, la situación se torna más desfavorable en comparación con alguien que maneja un sable más corto.

Aquellos que prefieren sables de gran longitud pueden tener sus propias justificaciones, pero estas razones solo son lógicas para ellos mismos. Desde la perspectiva de la verdadera senda del mundo, esto carece de lógica. ¿Es, por lo tanto, inevitable perder si utilizamos un sable más corto en lugar de uno muy largo?

Imaginemos un escenario en donde el desenvolvimiento físico esté bloqueado tanto arriba, abajo y a los lados; o consideremos una situación social que permita únicamente llevar armas a los costados. En este contexto, estar en posesión de un sable muy largo refleja una actitud errónea, ya que implica dudar de la ciencia de las artes marciales. Además, algunas personas carecen de la fuerza física necesaria para emplearlos.

Desde tiempos antiguos, se ha afirmado que lo grande también incluye lo pequeño. Por lo tanto, no se trata de rechazar indiscriminadamente la longitud, sino de rechazar la actitud desviada que solo tiene en cuenta, como algo fundamental, dicha longitud.

En el ámbito de la ciencia militar a gran escala, un sable muy largo puede compararse con un gran contingente de tropas, mientras que un sable más corto se asemeja a un pequeño contingente. ¿Es acaso imposible una batalla entre un pequeño y un gran contingente de tropas? Existen numerosos ejemplos de situaciones en las que un pequeño contingente ha prevalecido sobre uno más grande. Por ende, en mi escuela, se desecha este tipo de actitud, tan estrecha de miras y desviada. Esto requiere una cuidadosa consideración.

LOS GOLPES PODEROSOS DEL SABLE
EN LAS OTRAS ESCUELAS

La distinción entre golpes fuertes y débiles con el sable es algo que no debería existir. Un movimiento de sable ejecutado con la intención de blandirlo con fuerza resulta tosco y difícilmente se puede ganar solo con la rudeza.

Además, al golpear con fuerza desmedida, al intentar matar a alguien, procurando asestar un potente golpe con el sable, no se logrará el éxito. Incluso al entrenar contra un muñeco u otro objeto, es incorrecto intentar golpear deliberadamente con excesiva fuerza.

En un combate mortal, no se piensa en golpear con debilidad ni con fuerza. Cuando se está centrado únicamente en la muerte del adversario, interviene un sentimiento de fuerza y, naturalmente, no hay lugar para la debilidad; la atención se centra por completo en la eliminación del enemigo.

Golpear el sable del oponente con excesiva fuerza, utilizando movimientos demasiado poderosos y abruptos, puede tener consecuencias negativas por el exceso de energía. Forzar el choque de sables puede resultar en un retroceso de nuestro propio sable.

En consecuencia, no hay tal cosa como un golpe de sable que sea especialmente poderoso. Incluso en la ciencia militar a gran escala, cuando se busca ganar una batalla importante, es necesario comprender que el enemigo también dispone de fuerzas vigorosas y desea luchar con honor. Ambos se encuentran en la misma posición en este sentido. En la búsqueda de la victoria, da igual cuál sea la situación, es imposible alcanzarla sin utilizar la razón.

En nuestra escuela, no prestamos atención a cosas irracionales; el punto central es utilizar el poder del conocimiento de las artes marciales para obtener la victoria de la mejor manera posible. Esto requiere un estudio detenido.

LA UTILIZACIÓN DE LOS SABLES MÁS CORTOS EN LAS OTRAS ESCUELAS

Transitar la auténtica vía no es pensar en alcanzar la victoria utilizando solo un sable más corto. Desde tiempos antiguos, los sables largos y cortos han recibido diferentes denominaciones. Aquellas personas fuertes pueden manejar con facilidad un sable largo, por lo que no hay razón para entregarse sin sentido a un sable más corto. La explicación de esto radica en que las lanzas y alabardas también se usan para aprovechar su longitud. La idea de que se va a emplear un sable más corto para hendir, arremeter y vencer al adversario en el intervalo de tiempo entre los movimientos de su sable, es una desviación y, por ende, es una idea errónea.

Además, al estar atentos para descubrir algún lapsus, todo lo demás se descuida, y se experimenta una sensación de estancamiento que debe evitarse a toda costa. Intentar utilizar un arma corta para penetrar las defensas del enemigo y dominarlo no será de ninguna utilidad si estamos en medio de numerosos adversarios.

Aunque se pueda pensar que la ventaja de tener un arma más corta es la capacidad de penetrar en medio de una multitud, arremeter con libertad y blandir la espada de un lado a otro, en cada caso se adopta una actitud defensiva de la esgrima y, de este modo, se entra en un estado donde el espíritu está distraído. No es una táctica en la que se pueda confiar.

Quizás se pueda arremeter contra los adversarios de manera poderosa y directa, arrojándolos fuera de su posición, obligándolos a entrar en la confusión y tomando el camino que conduce únicamente a una victoria segura.

Esta lógica también se aplica en la ciencia militar a

gran escala. En igualdad de condiciones, se puede tomar un gran contingente, atacar al enemigo de repente y destruirlo de una vez. Esta actitud es la esencia de la ciencia militar.

En general, lo que la gente del mundo estudia al practicar las artes marciales es parar, desviar, evitar los golpes y salir ileso; en consecuencia, sus mentes son arrasadas por este método y acaban siendo maniobrados y manipulados por los demás. Dado que la vía de las artes marciales es directa y franca, es esencial el intento de dominar y vencer a los adversarios. Esto debe ser considerado atentamente.

LOS NUMEROSOS GOLPES DE SABLE EN LAS OTRAS ESCUELAS

La comercialización de este arte en el intento de impresionar a los principiantes con movimientos de sable abundantes y variados, es algo que debe evitarse en la ciencia militar; enseñar un excesivo número de movimientos se hace únicamente con el propósito de deslumbrar.

La razón detrás de esto se basa en que es engañoso pensar que hay una variedad de técnicas para lastimar al adversario. En este sentido, no existen diversas técnicas en el mundo. Ya sea un especialista o incluso si se trata de una mujer o un niño, no hay muchas formas de golpear y cercenar; si hay variantes, se limitan a apuñalar y acuchillar.

En esencia, dado que el objetivo es matar, no hay ninguna razón para que existan muchas formas de hacerlo. Aun así, dependiendo de la situación y de las circunstancias, en los casos en que hay un obstáculo a los alrededores, como arriba o a los costados, debe haber cinco posiciones, de manera que haya una forma de empuñar el sable sin quedar bloqueado.

Añadir cualquier otra cosa, como hendir por la mitad a un adversario con un giro de manos, un giro del cuerpo o un salto a distancia, no es la verdadera vía. No se puede hendir a alguien por la mitad mediante un giro o una flexión; estas son técnicas que al final resultan inútiles.

En mi ciencia militar, es esencial que el aspecto físico y el estado del espíritu sean simples y directos, obteniendo la victoria mediante la tensión y la perturbación causadas en los adversarios, haciendo que pierdan la concentración y procurando que sus corazones se agiten. Esto debe examinarse cuidadosamente.

LAS POSICIONES DEL SABLE
EN LAS OTRAS ESCUELAS

Es equivocado enfocarse exclusivamente en la posición de guardia del sable. La posición de guardia del sable solo debe ser adoptada cuando no hay adversarios.

La razón para esto es que, establecer normas debido a la costumbre o a reglas generales, no es algo práctico durante un combate real para lograr la victoria. El objetivo es luchar para poner al adversario en una situación de desventaja.

Independientemente del punto de referencia, adoptar una posición de guardia implica hacer uso de la inmovilidad. Mantener un castillo o establecer una línea de batalla en una posición defensiva significa ser fuerte y no ser afectado ni siquiera cuando se es atacado; este es el significado normal.

Durante la lucha por la victoria a través de la ciencia militar, el objetivo es concentrarse en tomar la iniciativa del adversario. Esto debe ser profundamente trabajado.

En el curso de la lucha por la victoria mediante la ciencia militar, vences deshaciendo las defensas de los demás, realizando movimientos que los adversarios no esperan, confundiéndolos, irritándolos o asustándolos, y captando el patrón del ritmo cuando los adversarios quedan confundidos para así lograr la victoria. Por lo tanto, existe un rechazo a la actitud defensiva que se preocupa únicamente por las posiciones de guardia. En mi ciencia, existe lo que se llama *tener una posición de guardia* sin guardia, lo que significa tener una posición defensiva sin estar realmente a la defensiva.

También en la ciencia militar a gran escala, la preocupación principal para una batalla equilibrada es aprender a calcular el número de tropas que tiene el adversario, darse cuenta de la disposición del campo de batalla, conocer el estado de nuestras propias tropas y ordenar sus mejores cualidades, unirlas y después empezar a luchar.

Existe una sensación completamente diferente cuando se es atacado por los demás en primer lugar, a cuando somos nosotros los que atacamos de primeras. La sensación de saber manejar lo suficientemente bien un sable para alcanzar al adversario y al mismo tiempo detener los golpes que nos da, es semejante a tomar la lanza o la alabarda y clavarlas en el suelo a modo de empalizada. Cuando vamos a golpear a un adversario, por el contrario, podemos incluso arrancar uno de los postes de la empalizada y utilizarlo como lanza o alabarda. Esto es algo que debe ser examinado atentamente.

EL ENFOQUE DE LA MIRADA
EN LAS OTRAS ESCUELAS

El enfoque de la mirada varía según la escuela: algunos dirigen su atención hacia el sable del oponente, mientras que otros la centran en sus manos. También están aquellos que fijan sus ojos en el rostro del adversario o los fijan en sus pies. Cuando intentamos focalizar la mirada en un punto específico, se experimenta una sensación de distracción, convirtiéndose en lo que en las artes marciales se conoce como una desventura.

En el ámbito del juego de pelota, es posible que los jugadores no mantengan sus ojos constantemente en la pelota, ya que la práctica avanzada elimina la necesidad de una atención deliberada. Lo mismo sucede en las artes de los malabares, donde los expertos pueden equilibrar una puerta en la nariz y hacer malabares con varios sables sin necesidad de mirar. Al estar inmersos en la práctica de manera constante, la percepción se vuelve espontánea.

En el contexto de la ciencia de las artes marciales, al familiarizarse con cada oponente, se logra percibir la seriedad de su mente y practicar la disciplina de manera efectiva. Incluso se puede apreciar la distancia y la velocidad de un sable. En términos generales, el foco visual en las artes marciales se encuentra en el corazón y en la mente de los propios participantes.

En las estrategias militares a gran escala, la atención se centra también en el estado de las tropas enemigas. De las dos formas de percepción, observar y ver, la observación resulta más poderosa, permitiendo percibir el corazón y la mente del adversario, así como comprender la situación en su totalidad. Concentrando la mirada de una manera más amplia, se pueden apreciar las condiciones de la batalla, la fuerza y la debilidad de la ocasión, enfocándose en alcanzar la victoria con precisión.

Tanto en la ciencia militar a gran escala como en la pequeña, no se limita la atención visual a un enfoque estrecho. Como se ha mencionado anteriormente, al estrechar excesivamente el enfoque, se olvidan los asuntos más amplios y genéricos, produciendo confusión y permitiendo que la victoria segura se escape de nuestras manos. Este principio demanda una reflexión muy detallada, así como una práctica constante y profunda.

LA POSICIÓN Y EL MOVIMIENTO DE LOS PIES EN OTRAS ESCUELAS

Desde la perspectiva de mi arte marcial, se pueden emplear diversas técnicas para realizar pasos rápidos, como el paso flotante, el paso saltarín, el paso elástico, el paso fuerte, el paso de cuervo, entre otros. Sin embargo, al final todos estos parecen ser pasos deficientes.

Mi aversión al paso flotante se basa en la percepción de que estos pasos son, en cualquier caso, inseguros en medio de la batalla. En consecuencia, considero que el procedimiento adecuado es mantenerse lo más firme posible.

En cuanto al paso saltarín, mi descontento surge debido a la excitación y obsesión asociadas con el salto. Dado que no existe una razón válida para realizar saltos repetidos, considero que este tipo de paso es desfavorable.

De manera similar, el paso elástico se revela como ineficaz debido a la sensación de rebote que conlleva. Por otro lado, el paso fuerte es una posición pasiva y especialmente objetable.

Además de estos, se encuentran varios pasos rápidos, como el paso del cuervo. Considerando la posibilidad de enfrentarse a adversarios en diferentes terrenos, como pantanos, ciénagas, montañas, ríos, planicies rocosas o caminos estrechos, se presentan situaciones en las que saltar, dar pasos elásticos o rápidos resulta prácticamente imposible.

En mi arte marcial, el método de mover los pies no experimenta cambios; se asemeja a caminar por un camino de manera convencional. Manteniendo el ritmo del adversario y ajustándose a la posición física correcta en situaciones de aceleración o de calma, se busca un desplazamiento ordenado, sin defectos ni excesos.

Asimismo, en la ciencia militar a gran escala, el movimiento de los pies se revela como algo fundamental. Esto se debe a que atacar de forma indiscriminada, sin comprender en profundidad las intenciones del adversario, conlleva a la pérdida del ritmo y dificulta la obtención de la victoria. Del mismo modo, si uno se desenvuelve con tranquilidad, pero sin llegar a percibir el desánimo o el desmoronamiento de los adversarios, la victoria se desvanece y la salida rápida del combate se torna complicada.

Resulta esencial discernir entre el desánimo y desmoronamiento de los adversarios, superándolos sin dejarles ni un instante de respiro. Este proceso demanda una práctica y entrenamiento constantes.

EL USO DE LA VELOCIDAD EN OTRAS ESCUELAS

En las artes marciales, la auténtica senda no reside en el uso de la velocidad. En relación con la rapidez, la cuestión de ser veloz o lento en cualquier acción, proviene de la incapacidad de armonizar con el ritmo.

Cuando se domina un arte o una disciplina, la ejecución no parece ser rápida. Por ejemplo, existen corredores profesionales, como carteros, que recorren una ruta de unos treinta kilómetros diariamente; no obstante, su carrera no se percibe como rápida a lo largo del día. En contraste, aquellos sin entrenamiento, aunque aparenten correr constantemente, no logran alcanzar la meta.

En el arte de la danza, si un mal intérprete acompaña la canción de un cantante calificado, surge la sensación de que la composición en general es arrítmica y, por lo tanto, parece que se produce de forma precipitada. Asimismo, cuando se abordan los tambores para la canción "Viejo árbol de pino", a pesar de ser una composición bastante dulce, una persona inexperta tiende a adelantarse o retrasarse. Incluso la canción "Dunas Elevadas", con un ritmo rápido, se puede llegar a interpretar erróneamente si se intenta acelerar demasiado. [5]

---

5   Estas melodías hacen referencia a interpretaciones líricas clásicas del Teatro Noh japonés, surgido a mediados del siglo XIV. Hay numerosos dramas musicales que se interpretan con un pino en el escenario llamado Oimatsu 老松, que vendría a significar "viejo árbol de pino". En la historia sobre el inicio del teatro Noh, las obras eran representadas para los espíritus y deidades que habitaban el árbol de pino, por eso se actuaba frente a este árbol y no frente al público como tal. El Oimatsu es el reflejo de los espíritus y las deidades en la tierra, la audiencia principal para la que existe el Noh. El escenario también se puede decorar con una pintura del árbol de pino al fondo de la escena, conocida como kagami-ita.

Como reza el proverbio, el veloz se fatiga más rápido y no puede llegar a tiempo. Claro está, ser excesivamente lento y llegar tarde también resulta un poco perjudicial. La actuación de un experto aparenta ser tranquila, sin embargo, no pierde el compás. Las acciones de individuos entrenados no dan la impresión de ser apresuradas. A través de estos ejemplos, se puede conocer el principio de la senda.

La rapidez es particularmente desfavorable en el ámbito de la ciencia de las artes marciales. Las razones son diversas. En ciertos lugares, como una charca, moverse y correr rápidamente es imposible. Con un sable largo, no hay lugar para la idea de acabar rápidamente con alguien; por el contrario, con un abanico o un sable corto, intentar cortar o lastimar con rapidez puede dar como resultado no cortar nada en absoluto. Esto requiere un discernimiento cuidadoso.

Igualmente, en la ciencia militar a gran escala, el sentimiento de velocidad y premura es perjudicial. Adoptar la actitud de "sujetar la almohada" elimina la lentitud. Además, cuando la gente se apresura corriendo, es esencial hacer lo contrario: permanecer tranquilo y sereno, sin dejarse llevar por la prisa. Trabajar en ese estado de ánimo demanda entrenamiento y práctica.

LOS ESOTÉRICO Y LO EXOTÉRICO
EN LAS OTRAS ESCUELAS

En el ámbito de los temas relacionados con las artes marciales, surge la pregunta sobre qué debería considerarse exotérico y qué debería llamarse esotérico. De acuerdo con el arte, existen transmisiones internas esotéricas de la esencia fundamental, transmitidas como tradiciones orales, pero cuando nos referimos al principio de enfrentarse en duelos con adversarios, no se trata de luchar de manera exotérica y matar de manera esotérica.

Mi enfoque para enseñar las artes marciales consiste en guiar a los principiantes para que aprendan y practiquen las técnicas que se pueden dominar fácilmente. Comienzo enseñándoles los principios que pueden comprender de forma más rápida. En cuanto a aquellos conceptos que les resultan difíciles de entender, observo la comprensión individual y les enseño gradualmente los principios más profundos, paso a paso. Aun así, dado que mi enfoque se centra en enseñar cosas relevantes para manejar estos asuntos, no hay una distinción clara entre lo esotérico y lo exotérico.

Este patrón se repite en la vida cotidiana: cuando atraviesas montañas y deseas avanzar incluso más, inevitablemente debes salir también de las montañas. En cualquier arte o ciencia, hay aspectos adecuados para el secreto y la reserva, y otros que pueden ser discutidos abiertamente. Pero cuando se trata de los principios de la guerra, surge la pregunta sobre qué debe mantenerse oculto y qué debe ser revelado.

Por ende, al transmitir mi ciencia, no me preocupo por las formalidades escritas o los castigos. Noto la capacidad intelectual de los estudiantes, les enseño un camino directo, los impulso a abandonar los aspectos menos deseables de las "cinco formas" o las "seis formas" de las artes marciales, para que ingresen de manera natural en la auténtica ciencia de los guerreros, liberando sus mentes de la duda. Este es el enfoque con el que enseño las artes marciales. Se requiere una práctica y un entrenamiento profundos.

EPÍLOGO

En las nueve secciones anteriores sobre las artes marciales de otras escuelas, cuyos principios generales ya he detallado en este Manuscrito del Viento y, a pesar de la necesidad de abordar claramente cada escuela desde la iniciación hasta la tradición interna, no doy relevancia alguna a detallar los nombres de los secretos particulares de cada escuela a la que me estoy refiriendo.

Esta elección se fundamenta en la variedad de perspectivas, lógicas y métodos que cada escuela adopta, influenciadas por la mentalidad individual. Incluso dentro de una misma escuela, existen sutiles diferencias de comprensión. Considerando el legado para las generaciones futuras, he evitado mencionar explícitamente las escuelas específicas a las que me refiero.

Al segmentar las grandes líneas de otras escuelas en nueve categorías, desde la perspectiva de la senda correcta para el mundo y la lógica humana que es más honesta, cuestiones como: las preferencias por sables extremadamente largos o cortos, las inclinaciones hacia la fuerza o la forma de empuñar, la preocupación por la ferocidad y la delicadeza, se consideran como guías o parámetros que están desviados. Por lo tanto, aunque no revelemos tradiciones internas o de iniciación de otras escuelas, todos deberían estar al tanto de ellas.

En mi escuela, no se establece una distinción entre la tradición de iniciación y la tradición interna en relación con el sable largo. No existe una posición de guardia definitiva. La esencia se basa en comprender sus cualidades efectivas en el corazón y en el espíritu. Esto constituye la esencia del arte marcial.

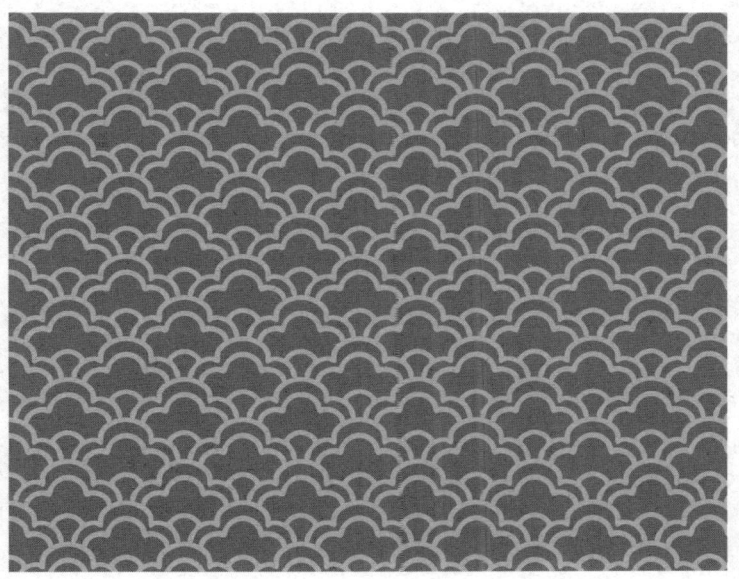

EL MANUSCRITO DEL VACÍO

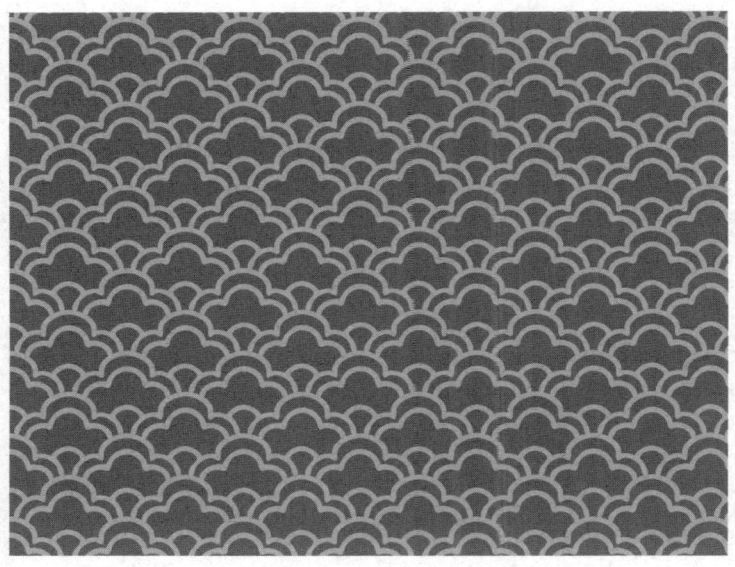

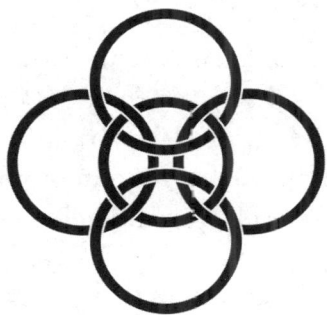

En el Manuscrito del Vacío, al abordar la ciencia de las artes marciales de la escuela de los Dos Sables, el concepto de vacío se refiere a la existencia de un reino en el que nada subsiste, o no puede ser aprehendido, o se percibe como carente de contenido.

Es crucial comprender que el vacío, en sí mismo, no tiene existencia tangible. Se comprende su no existencia cuando se reconoce que la existencia es, en esencia, vacío.

Cuando las personas se enfrentan a la falta de comprensión, a menudo interpretan erróneamente esa carencia como vacío. Sin embargo, esto no constituye el vacío real; es más bien una ilusión.

En el contexto de esta ciencia de las artes marciales, seguir la senda del guerrero sin comprender las leyes de estas disciplinas no significa encontrarse en el vacío; aunque uno pueda sentirse confundido y describirlo como un estado de vacío desesperado, esto no representa el vacío genuino.

Los guerreros adquieren con precisión la ciencia militar y perseveran diligentemente en la práctica de las técnicas marciales. La forma en que abordan estas prácticas no carece de claridad en absoluto. Sin confusión espiritual, sin relajación en ningún momento, afinando la mente y la atención, aguzando el ojo observador y el ojo perceptivo, se alcanza el verdadero vacío: un estado sin oscuridad y sin las nubes de la confusión.

Mientras que muchos, ya sea en el budismo o en los asuntos mundanos, creen que su camino es seguro y benéfico, desde la perspectiva de la verdadera senda del espíritu, en comparación con las normas sociales comunes, las personas se desvían de la auténtica senda debido a bifurcaciones o deformaciones personales de la mente y por visiones individuales.

Teniendo esto en cuenta, expresando las palabras esenciales, adoptando el espíritu genuino como guía, practicando las artes marciales de manera integral, pensando de manera correcta, clara y comprensiva, y abrazando el vacío como senda, se puede percibir la senda como vacío.

12 de mayo de 1645

En el vacío hay bien, pero no hay mal. La sabiduría existe, la lógica existe, la mente está vacía.

Índice